Ovos de Ouro

Gay Lynn Williamson
David Williamson

Ovos de Ouro

Sabedoria Espiritual
para o Renascer de Nossas Vidas

Tradução
NEWTON ROBERVAL EICHEMBERG

EDITORA CULTRIX
São Paulo

Título do original:
Golden Eggs
Spiritual Wisdom for Birthing Our Lives

Publicado mediante acordo com Health Communications,
Deerfield Beach, Flórida, USA.

Edição	Ano
1-2-3-4-5-6-7-8-9	99-00-01-02-03

Direitos de tradução para o Brasil
adquiridos com exclusividade pela
EDITORA CULTRIX LTDA.
Rua Dr. Mário Vicente, 374 — 04270-000 — São Paulo, SP
Fone: 272-1399 — Fax: 272-4770
E-mail: pensamento@snet.com.br
http://www.pensamento-cultrix.com.br
que se reserva a propriedade literária desta tradução.

Impresso em nossas oficinas gráficas.

Para Myrtle e Charles Fillmore,
mulher e marido que, juntos,
deram à luz o movimento Unity,
como sua contribuição de ouro
à humanidade.

Dentro de você
está a possibilidade futura
da vida sem limites, e é seu
o privilégio de dar
à luz essa vida.

Sumário

Agradecimentos 11

1. Sabedoria espiritual para dar à luz nossas vidas 13
A galinha e os ovos de ouro 17
À procura da alma 21
Nascimento, por Meister Eckhart 25

2. A Aurora de uma nova consciência 27
A alma celestina: uma conversa com James Redfield 34
A co-criação, com Barbara Marx Hubbard 40
Dentro, por Carol Lynn Pearson 50

3. A música e o espírito 53
A música como forma de ministério, com O. C. Smith
e Robbie Smith 58
Dando à luz a sinfonia da vida, com Steven Halpern 62
Sua mente ideal, por Marilyn Ferguson 65

4. Dando à luz a alma das empresas 67
O desabrochar da Rosa Vermelha, com Rinaldo Brutoco 72
Uma mensagem 77
Reflexões de David: você não pode apressar a Mãe Natureza 80
À espera, por John Burroughs 81
Charles Garfield: *Performer* de pico e transformador 84
Sobre o trabalho, por Kahlil Gibran 95

5. A descoberta da alma nos relacionamentos 97
Reflexões de David: a descoberta da alma nos
relacionamentos 99

A magnética e dinâmica Angeles Arrien 105
Carol Lynn Pearson: A mãe teceu a manhã 114
Posição, por Carol Lynn Pearson 119

6. Dar à luz Deus em nossa carne: encarnação 121
Reflexões de David: dar à luz Deus em nossa carne: encarnação 123
Repensar a Sagrada Família, com o bispo John Shelby Spong 130
Reverendos Jack e Pat Barker: O poder da parceria 142
Uma mulher espera por mim, por Walt Whitman 150

7. É preciso nascer de novo, de novo e de novo 151
É preciso nascer de novo, de novo e de novo, por Buckminster Fuller 153
Patricia Sun: dar à luz a nós mesmos com naturalidade 160
Jerry Jampolsky e a abundância da criatividade 166
Trabalho de parto, por Carol Lynn Pearson 173

8. Símbolos espirituais e experiências místicas 175
Ó gentil escuridão, por David Williamson 180
Reflexões de Gay Lynn: dar à luz uma nova vida, com Walter Starcke 182
O coração equilibrado de Rocco Errico 190
Esse nascimento acontece na escuridão, por Meister Eckhart 197

9. Abraçar nossa Divina Mãe 199
Bendito é o fruto do vosso ventre 201
Revelações de um místico moderno: Charles Fillmore 206
Uma Bíblia em que Deus é "Pai-Mãe" 212
Paul Smith: a coragem de chamar Deus de Mãe 214
Nossa mãe amor, por James Dillet Freeman 221

Créditos 223
Bibliografia 225

Agradecimentos

Nossa gratidão a nossos editores, Peter Vegso e Gary Seidler pelo encorajamento de nossas explorações pioneiras, e a Barbara Whelehan, Christine Belleris, Matthew Diener pela orientação e toques de aprimoramento.

Agradecemos aos muitos autores que nos inspiraram com seus livros e artigos sobre o poder do Feminino e do Masculino Divinos existente em cada pessoa. Gostaríamos de ter podido entrevistar um maior número de pessoas e ter incluído muitos outros depoimentos neste trabalho. Quando víamos ou ouvíamos alguém dar à luz um empreendimento criativo e transformador, exclamávamos: "Aí está alguém com quem deveríamos conversar!" Colhemos muito mais entrevistas do que pudemos incluir e, por isso, contamos com a compreensão de todos os que não figuram no livro.

Nossos sinceros agradecimentos à Unity School, aos centros Unity e às associações que, em todo o país, nos convidaram para dar palestras. A Religious Science e a Association of Transpersonal Psychology também nos acolheram calorosamente como conferencistas. Escrevemos e compilamos este livro enquanto percorríamos o país em nosso *trailer*. Essas viagens nos proporcionaram a oportunidade de encontrar e de entrevistar aqueles que contribuíram com *Ovos de Ouro*.

Finalmente, queremos registrar uma ligação mística especial que sentimos com relação à figura da Nossa Senhora Negra. Nós a encontramos repetidas vezes nos caminhos exterior e interior que percorremos, confirmando que há um útero no mundo onde tudo nasce, vindo da escuridão sagrada.

Nossa Senhora de Guadalupe
Uma dentre as muitas Nossas Senhoras Negras

1

Sabedoria Espiritual para Dar à Luz Nossas Vidas

A Galinha dos Ovos de Ouro

Era uma vez um homem afortunado
Que viveu há muitos e muitos anos.
Os deuses o abençoaram com uma galinha
Cujos ovos eram do mais puro ouro.
Dia após dia, ela botava seus ovos
E cacarejava com orgulhoso deleite.
E, dia após dia, os ovos da galinha brilhavam
Com incandescente luz dourada.
E no entanto esse homem ganancioso,
Que via sua fortuna crescer sempre mais,
Impacientava-se com sua galinha de ouro
Pois achava que ela era muito lerda.
"Sua galinha tola", queixava-se o homem,
"Você deve obedecer ao seu mestre.
Seus ovos de ouro são bem-vindos aqui,
Mas você precisa botá-los mais depressa!"
A galinha, feliz por dar o melhor de si
E ansiosa por obedecer,
Continuou botando os seus ovos de ouro –
Mas apenas um por dia.
Finalmente, o homem insensato declarou
Que não podia mais esperar.
Matou a galinha e cortou-a em pedaços

Para descobrir o depósito de ouro.
Matou a galinha para achar o ouro;
Vasculhou a ave com cuidado.
Mas, para decepção do homem mesquinho,
Não encontrou nela tesouro algum.
A galinha morreu, a galinha se foi,
A galinha virou história.
Nunca mais a galinha mágica
Botaria seus ovos de glória.

Que tristeza! Esse tolo homem voraz,
Que os deuses antes abençoaram,
Perdeu agora a fartura que tinha
Pela ganância de ter sempre mais.

FÁBULAS DE ESOPO
Segundo versão de Tom Paxton

A Galinha e os Ovos de Ouro

A fábula da galinha que botava ovos de ouro nos fala de uma criatura maravilhosa que tinha a capacidade de dar à luz tesouros como uma expressão natural de si mesma. Infelizmente, a história costuma enfatizar o fazendeiro tolo e avarento que mata a galinha para obter todos os ovos de uma só vez. Se tivesse cuidado da galinha e a tivesse mantido saudável, de modo que ela continuasse a produzir seu tesouro, ele certamente teria evitado o desastre. No entanto, todos queremos explorar a natureza maravilhosa da galinha que gera ovos de ouro. A galinha, naturalmente, é você e sou eu. Nós temos a capacidade inata de dar à luz tesouros vindos do interior de nós mesmos. O bem que desejamos e que buscamos já está dentro de nós!

Os seres humanos têm escrito, falado e cantado a respeito do ouro como um símbolo de tudo o que é precioso e valioso na vida.

Não obstante, esse metal permanece esquivo, enterrado em algum lugar do solo, e exigindo que os garimpeiros o escavem. Essa exigência não se aplica ao tesouro que existe em nós. O precioso veio que podemos descobrir não está enterrado em lugar algum, mas é parte integrante de cada um. Podemos fazer com que ele venha à luz! "O Reino [abundância, talento, sabedoria, riquezas, amor, saúde, alegria] de Deus está dentro de nós." (Lucas 17:21 NIV.) Não precisamos procurar em outro lugar ou em outro tempo, mas no interior de nós mesmos, aqui e agora.

Os ovos são tesouros que nos ajudam a entender nossas aptidões naturais, não apenas por virem de dentro de nós, mas também porque encerram uma vida em si mesmos. Essa vida nasce para uma expressão completamente nova que

Os ovos são tesouros que nos ajudam a entender nossas aptidões naturais, não apenas por virem de dentro de nós, mas também porque encerram uma vida em si mesmos.

ultrapassa o que poderíamos realizar por nós mesmos. Aqui funciona o princípio da semente. Como diz o velho ditado: "Você pode contar as sementes que há numa maçã, mas quem pode contar as maçãs que há numa semente?" Geramos uma nova expressão, e essa nova vida exerce impacto sobre as outras pessoas e sobre o nosso mundo de infinitas maneiras.

Um sonho revelou a Gay Lynn a capa original deste livro quando começávamos a reunir material e a compilar o texto. Na capa havia um ovo de ouro, que deixava transparecer algo vivo e em crescimento. Recebemos essa imagem como um sinal e começamos a chamar o livro de *Ovos de Ouro*. Pesquisamos o símbolo ancestral e descobrimos que era utilizado pelos vedas indianos e por Platão, e que representava o "procriador cósmico". Enquanto procriador cósmico, ele também personifica a mãe onipresente, e como tal ela é semelhante ao ar. Em hebraico, espírito significa alento e é uma palavra feminina. No latim, *spiritus* significa "respirar ou soprar". Vemos o mundo-mãe como a *anima mundi*, presente em todos os lugares, como o Grande Espírito, graciosamente representado pelo ovo. No ovo, ou embrião, tem início a viagem de nossa vida. No cristianismo o ovo simboliza a ressurreição, o que pode explicar o costume secular de pintar ovos na Páscoa.

Somos a galinha que bota ovos de ouro, como revela a clássica fábula de Esopo. Temos dentro de nós maravilhas que produzem ovos de ouro e que se manifestam nas incontáveis criações do homem — empresas, obras de arte, invenções, livros, igrejas, escolas, peças teatrais, governos, fazendas, relacionamentos, famílias, esportes — para citar apenas algumas.

A que se relaciona a nossa capacidade de dar à luz ? Como fazemos surgir criações de valor e de progresso? Como combinamos as forças de nossas energias do Feminino Divino e do Masculino Divino a fim de conceber esses ovos de ouro dentro de nós? Como os nutrimos na gestação, passamos pelo processo do nascimento e damos nossas contribuições únicas ao mundo?

Todo indivíduo tem uma potência criativa do Feminino Divino, que está sendo redescoberta, reivindicada e adotada tanto por mulheres como por homens, extraindo-a desse útero inato do mundo que os antigos tanto veneravam.

Os ovos de ouro são a metáfora de sua totalidade, que o faz lembrar-se de que, dentro de você, está a energia embrionária do cosmos, a qual faz nascer criativamente sua vida cotidiana.

Apresentamos grandes histórias, imagens, parábolas, fábulas e exemplos em *Ovos de Ouro*. Conversamos com Charles Garfield, Barbara Marx Hubbard, James Redfield, Jerry Jampolsky, Angeles Arrien, O. C. e Robbie Smith, Walter Starcke, Pat e Jack Barker, Carol Lynn Pearson, Patricia Sun, Steven Halpern, Rinaldo Brutoco e outros, que deram à luz e partilharam conosco suas histórias de transformação pessoal e global. No entanto, nosso propósito é oferecer a você, leitor, a oportunidade de compreender sua própria gênese criativa e conceber as inúmeras realizações que somente você pode gerar.

Os ovos de ouro são a metáfora de sua totalidade, que o faz lembrar-se de que, dentro de você, está a energia embrionária do cosmos, a qual faz nascer criativamente sua vida cotidiana. Até que ponto você está consciente do processo de nascimento? Em sua carreira, em seus relacionamentos, em seu desenvolvimento espiritual e no mundo, de que maneira você penetra na sala de parto que existe em você mesmo? De que maneira as energias dinâmicas e magnéticas do masculino e do feminino em seu interior se unem para procriar?

A fábula de Esopo sobre "A galinha dos ovos de ouro" proporciona introvisões ao respeitar a galinha, bem como a sabedoria de dar à luz todos os dias o seu próprio ouro. Apresentamos o texto de Esopo a pessoas envolvidas no movimento pioneiro da consciência e elas concordaram que essa fábula poderia ajudar a compreender o processo de parto que está em andamento na vida de cada um.

Estamos testemunhando atualmente a crise por que passa o planeta; não obstante, esta é uma crise de *nascimento*, e não de morte, como alguns podem pensar. O nascimento é poderoso, confuso, ruidoso – e nem sempre limpo e agradável de se ver. Estamos sentindo, neste momento histórico, o esforço e as dores de parto de uma comunidade global dando nascimento a si mesma. Um exemplo disso é que todas as nossas empresas estão passando por mudanças e tumultos generalizados, muitas delas procurando um novo modelo que, além de proporcionar lucros, respeite o ser humano e o planeta.

Estamos testemunhando atualmente a crise por que passa o planeta; não obstante, esta é uma crise de nascimento, e não de morte, como alguns podem pensar. O nascimento é poderoso, confuso, ruidoso – e nem sempre limpo e agradável de se ver.

A cultura ocidental é a única a separar o masculino e o feminino em duas características distintas. Assim, cabe a nós começar a usar uma nova linguagem, que inclua o casamento de ambos e que os sintetize criativamente em nossa vida cotidiana pessoal e também em nossa consciência cultural. Como fazer isso?

Que as palavras e as imagens evocadas nas páginas que seguem sejam a parteira do seu nascimento divino.

À Procura da Alma

Alguns anos atrás, a palavra alma raramente era utilizada por psicólogos ou psiquiatras. Talvez apenas na santidade das igrejas se fizesse referência à "alma imortal do homem". Hoje em dia, a palavra alma é uma das mais populares na sociedade contemporânea, e vem assumindo maior proeminência. Livros como *Chicken Soup for the Soul* e *Care of the Soul* tornaram-se *best-sellers*, e ela tem penetrado até mesmo o profano mundo empresarial. Uma grande conferência sobre o tema "Transforming the soul of business" foi recentemente proferida em Hilton Head, na Carolina do Sul.

A alma é em geral encarada como uma entidade perene que existe no interior de todo ser humano. William Blake costumava referir-se ao corpo como a porção da alma que se pode discernir pelos cinco sentidos. A alma é a parte eterna de nós que vive e age por meio do corpo. Desse modo, somos alma incorporada na carne e carne impregnada de alma. Somos uma centelha da divindade.

Na época de santo Agostinho, chegou-se a debater se as mulheres teriam ou não alma, um tema que gerava grande polêmica. Hoje já ninguém questiona que todo indivíduo possui uma parte orgânica, viva, energética a que chamamos alma.

O eminente psicólogo suíço dr. Carl Jung pedia a seus pacientes que desenhassem mandalas, palavra que em sânscrito significa "círculos". Muito comuns na arte oriental, as mandalas são símbolos do universo. O dr. Jung procurava representações da alma através dessas manifestações artísticas, e concluiu que temos um centro de personalidade, um núcleo dentro da psique, que em grego significa "alma". Esse centro anímico é uma fonte de energia à qual tudo está relacionado. Ele observou ainda que "a energia desse ponto central manifesta-se na compulsão quase irresistível e no anseio por 'se tornar aquilo que se é', assim como todo organismo é levado a assumir a forma que é característica de sua natureza, sejam quais forem as circunstâncias. Esse ponto central não corresponde ao ego, mas, se assim podemos expressá-lo, é o '*self*'. Embora o centro seja representado pelo ponto mais íntimo, é circundado por uma periferia que contém tudo o que pertence ao *self* – os opostos emparelhados que compõem a personalidade total".

O ovo de ouro é uma mandala da alma. A periferia, ou seu invólucro, contém tudo o que pertence ao indivíduo. No interior do ovo estão todos os diversos componentes do consciente e do inconsciente, e vários níveis de percepção. O ovo serve como uma representação simples da vida interior, mas, num exame mais aprofundado, descobre-se sua complexidade.

O indivíduo é multifacetado e sua alma possui muitas partes. Uma expressão do leste da Índia refere-se a ela como uma "alma conglomerada". O ovo de ouro tornou-se para nós um símbolo da jornada do *self*, relacionada ao parto da alma e ao aperfeiçoamento da compreensão espiritual. O ovo aparecia com regularidade nos desenhos de mandalas dos pacientes do dr. Jung. Você também está sustentando os ovos de ouro da possibilidade dentro de si, e está em via de realizar o seu verdadeiro *self* e de ser a pessoa que está destinada a ser.

Em *Intimations of Immortality*, William Wordsworth fala da seguinte maneira a respeito do nascimento de nossa alma:

Nosso nascimento nada mais é que um sono e um esquecimento:
A Alma que ascende conosco, a Estrela de nossa vida,
Tem seu ocaso em outro lugar
E vem de muito longe:
Não em total esquecimento,
Nem em completa nudez,
Mas, trazendo conosco nuvens de glória, estamos vindo
De Deus, que é a nossa morada...

Segundo santa Teresa d'Ávila, "a alma é capaz de muito mais do que podemos imaginar. É muito importante para qualquer alma que pratique a prece... não se fechar e isolar-se num canto. Deixe-a caminhar por essas moradas que estão lá em cima, embaixo, e por todo lado, pois Deus deu a ela uma grande dignidade". Desse modo, amplie a sua exploração buscando a experiência de sua alma em cada canto de sua vida, não apenas em certas ocasiões, mas a cada dia, em todos os lugares.

Em que ponto você está na jornada para a descoberta da alma? Como você cuida de sua alma e a alimenta? O que você está vislumbrando, hoje, que o ajudará a entrar em sintonia com sua alma? Na verdade, a alma é o aspecto mais criativo e energizador de sua vida. Em sua relação consigo mesmo, você toca a parte geradora do seu ser por meio da alma.

Você está atento aos signos e aos sinais? Sente o poder do espírito que se reflete em você e em todas as criaturas vivas? Você está intimidado e, apesar disso, nas preocupações do dia-a-dia, pode estar negligenciando o que é essencial na sua vida. Carl Jung disse certa vez que precisamos dar atenção às necessidades cotidianas de nossa alma. Ele enfatizou essa *necessidade cotidiana* porque nós, com freqüência, damos pouca ou nenhuma atenção a nossa alma, o âmago de nosso ser.

Em sua relação consigo mesmo, você toca a parte geradora do seu ser por meio da alma. Você está atento aos signos e aos sinais? Sente o poder do espírito que se reflete em você e em todas as criaturas vivas? Você está intimidado e, apesar disso, nas preocupações do seu dia-a-dia, pode estar negligenciando o que é essencial na sua vida.

Procuramos a sabedoria da alma, e ansiamos por estar sensatamente sintonizados com nossa alma-sabedoria. Mas o que é a sabedoria? Os apócrifos da literatura da Sabedoria descrevem sua grande beleza nestes termos:

Dentro dela está um espírito inteligente, sagrado,
único, múltiplo, sutil,
ativo, incisivo, imaculado,
lúcido, invulnerável, benevolente, agudo,
irresistível, beneficente, amoroso da humanidade,
imutável, fidedigno, imperturbável,
todo-poderoso, que tudo vê,
penetrando todos os espíritos inteligentes, puros
e mais sutis;
pois a Sabedoria é mais rápida que qualquer movimento;
ela é puríssima, penetra e permeia todas as coisas.
Ela é um alento do poder de Deus,
pura emanação da glória do Todo-Poderoso;
por isso, nada de impuro pode achar caminho dentro dela.
Ela é um reflexo da luz eterna,
espelho não embaçado do poder ativo de Deus,
imagem da bondade de Deus.

A Sabedoria de Salomão 7:22-26
extraído de Apocrypha, Bíblia de Jerusalém

A palavra grega para sabedoria é *Sophia*. No início de seu ministério, Jesus era chamado de Sophia, "Mestre de Sabedoria". Queremos libertar Sophia, dar nascimento à sabedoria e convidá-la para uma parceria íntima conosco como uma amiga de confiança, uma irmã de nossa alma. Ao viajar pelos reinos interiores de nós mesmos, nossa alma-irmã Sophia é uma presença amorosa sempre pronta a iluminar o caminho em meio a nossos medos, dúvidas e lutas, pois é nos momentos de escuridão que sua companhia é sentida de maneira mais intensa.

Quando os escritores da Igreja primitiva estavam decidindo que palavra grega usariam para representar o Espírito de Cristo, tiveram de escolher entre Logus, a imagem masculina, e Sophia, a imagem feminina. Logus venceu. Logus, poderíamos dizer, era a cabeça, Sophia era o coração. Imagine como seria diferente o Evangelho de João se começasse assim: "No princípio era Sophia e Sophia era Deus. No princípio ela estava com Deus. Todas as coisas foram feitas por intermédio dela, e, sem ela, nada do que foi feito se fez." "A luz estava nela, e a vida era a luz dos homens. A luz resplandece nas trevas, e as trevas não prevaleceram contra ela." (João 1:1-5)

Imagine como seria diferente o Evangelho de João se começasse assim: "No princípio era Sophia e Sophia era Deus. No princípio ela estava com Deus. Todas as coisas foram feitas por intermédio dela, e, sem ela, nada do que foi feito se fez."

Com certeza, faria muito mais sentido se Sophia e Deus estivessem na Parceria Divina, gerando a vida. Podemos nos relacionar com essa parceria uma vez que ela está em sintonia com a maneira como vivemos — em companheirismo, casamento e união.

"E Sophia se fez carne, e habitou entre nós, cheia de graça e de verdade, e vimos a sua glória." (João 1:14)

"E Sophia se fez carne, e habitou entre nós, cheia de graça e de verdade, e vimos a sua glória." (João 1:14)

Nascimento

Deixe que eu me expresse de maneira ainda mais clara.
A pessoa fecunda
dá à luz
exatamente a partir do mesmo fundamento
do qual o criador produz a Palavra eterna
ou Energia Criativa,
e é a partir desse âmago
que a pessoa se torna fecundamente grávida.
E nesse poder de dar à luz
Deus é tão plenamente verdejante
e tão totalmente florescente de alegria plena
e em toda a honra
como ele/ela é em si mesmo/mesma.
O êxtase divino
é inimaginavelmente grande.
É inefável.

MEDITATIONS WITH MEISTER ECKHART
POR MATTHEW FOX
EXTRAÍDO DE THE TEACHINGS OF MEISTER ECKHART

2

A Aurora de uma Nova Consciência

REFLEXÕES DE DAVID

A Aurora de uma Nova Consciência

Duas palavras que se tornaram populares e passaram a ser muito utilizadas nos dias de hoje, principalmente nas embalagens e no material publicitário de diversos produtos, são "orgânico" e "natural".

Cresci familiarizado com essas palavras nas décadas de 40 e de 50. Tanto meu pai quanto minha mãe eram quiropráticos, e exerciam intensa atividade na Natural Health Clinic de Detroit. Eu tinha acesso a alimentos naturais e a diversas terapias naturais, e me rebelava contra a maioria delas, principalmente na adolescência. No entanto, lia o *Prevention* — antes que ele se tornasse o jornal popular que é hoje — e os artigos que minha mãe escrevia para revistas de saúde conceituadas, distribuídas em lojas de produtos naturais e salas de espera de consultórios médicos. Para completar, eu tinha de plantar no jardim as sobras das hortaliças que consumíamos e durante o outono fazer adubo com as folhas caídas das árvores. Só mais tarde comecei a respeitar aquilo que eu ridicularizara ou que me fizera sentir oprimido quando criança e adolescente.

Fundei um centro holístico e de saúde como parte do meu ministério em Detroit e escrevi minha tese de doutorado sobre esse trabalho, que denominei "A Igreja da Saúde". Ampliei meu trabalho com a saúde para além de programas especiais, de modo que esse ministério fosse exercido de maneira mais completa, abrangendo a pessoa como um todo.

Com o tempo, compreendi que não se tratava apenas de consumir alimentos cultivados organicamente e de viver de maneira mais natural, por mais importante que isso seja. Tratava-se de algo mais amplo. *Nós*, seres humanos, somos orgânicos, e a própria Terra é um organismo vivo. Nossas almas são orgânicas, férteis, dinâmicas, criativas. Todas essas palavras referem-se a mudança e a crescimento. "A vida é evolução", disse Emerson. Você está sendo criado — não é estático, fixo, sólido, estabelecido, rígido, seguro. Está em constante evolução. Você nunca pode se banhar duas vezes no mesmo rio, como dizia

> **Nossas almas são orgânicas, férteis, dinâmicas, criativas. Todas essas palavras referem-se a mudança e a crescimento.**

Heráclito. E não pode banhar o mesmo corpo no mesmo rio, pois, também no nível das células, seu corpo está em constante mutação.

É preciso reexaminar as formas cotidianas de imaginar e de falar sobre a vida. Pode-se pensar e falar a respeito de um mundo newtoniano de coisas palpáveis que podem ser contadas e nas quais se pode confiar por serem o que parecem ser, em vez de recorrer a uma concepção einsteiniana, ou de física quântica, que é energética, fluida, dinâmica e que, provavelmente, mostra um mundo que não é o que parece.

Considere essa reflexão e aplique-a à sua vida cotidiana. Na velha concepção de interação, você via a si mesmo como um indivíduo à parte, um corpo separado de outros corpos. Dentro de si mesmo, pode ter-se sentido separado de seus pensamentos, de seus sentimentos, de outras pessoas e de todas as outras coisas vivas; pode ter adotado erroneamente o velho modelo newtoniano. No entanto, você começa a entender a dinâmica do universo holográfico e do cérebro holográfico, e agora reconhece que há uma unidade subjacente. Estamos todos interligados energética e dinamicamente por meio de campos de ondas radiantes e de partículas de energia. Seus pensamentos e sentimentos estão intimamente interligados nessa sopa cósmica. Agora você entende que seus pensamentos e sentimentos exercem um impacto direto sobre seu corpo e sobre o campo de energia a seu redor. Você pode ter-se deliciado com essa percepção graças à leitura de *A Profecia Celestina*, de James Redfield, *best-seller* que obteve enorme sucesso popular. Nessa ficção, as personagens começam a ver suas auras e a maneira como seus sentimentos e pensamentos podem energizar ou dissipar os campos energéticos ao redor de si mesmas e das outras pessoas.

> **Quer consiga ou não ver as auras, você pode sentir a drenagem da sua energia quando está na companhia de alguém que suga a energia vital das pessoas à sua volta. Você pode ainda sentir uma vibração quando está com alguém alegre e que partilha sua energia com os outros. Sua alma é orgânica, e sente e lê os tons vibratórios de maneira tão natural quanto você vê com os olhos ou ouve com os ouvidos. Você sente ou intui com a alma orgânica.**

Quer consiga ou não ver as auras, você pode sentir a drenagem da sua energia quando está na companhia de alguém que suga a energia vital das pessoas à sua volta. Você pode ainda sentir uma vibração quando está com alguém alegre e que partilha sua energia com os outros. Sua alma é orgânica, e sente e lê os tons vibratórios de maneira tão natural quanto você vê com os olhos ou ouve com os ouvidos. Você sente ou intui com a alma orgânica.

Observe os acontecimentos e as coincidências significativas em sua vida e atue sobre eles. Quando começar a se abrir para as experiências místicas, sua vida se assemelhará a um útero receptivo. Para engravidar, o útero deve ser receptivo à dádiva da encarnação a ser concebida. Pergunte a si mesmo: "Até que ponto eu sou receptivo?"

James Redfield foi receptivo à história das aventuras que nasceram por intermédio dele e enfrentou muitos desafios e obstáculos ao longo do caminho. Ele decidiu bancar a primeira edição de *A Profecia Celestina*, depois que editoras comerciais rejeitaram sua obra. O livro acabou ocupando, durante meses, o primeiro lugar da lista de *best-sellers* do *The New York Times*. É difícil imaginar, mas ele poderia ter deixado de chocar esse ovo de ouro.

Jesus contou uma parábola a respeito da semeadura. A semente que cai em solo receptivo desabrocha para a vida. Você recebe as sementes ou os ovos de ouro da sabedoria, mas, a não ser que as plante ou os fertilize na matriz receptiva ou orgânica de sua vida anímica, eles não darão à luz uma nova vida ou criação.

Estamos dando nascimento à nossa divindade. Num nível planetário, estamos atravessando aquilo que Teilhard de Chardin chamou de "cosmogênese". Estamos vivenciando a regeneração de nossos corpos físicos, a política do corpo e nosso corpo de conhecimentos.

A regeneração do relacionamento entre o masculino e o feminino pode ser uma das mudanças mais desafiadoras em nossa sociedade atual à medida que as mulheres despertam para a própria força e que os homens se tornam cientes de sua brandura. Enquanto indivíduos, cada um de nós abraça mais plenamente seu lado feminino e masculino interiores.

Que nos tornemos conscientes e que nossas mentes se voltem para a transformação à medida que confrontamos os milhares de maneiras pelas quais oprimimos, em vez de liberar, nosso potencial divino. Barbara Marx Hubbard denomina esse processo de "união co-criativa". Somos, juntos, igualmente co-criativos.

Receber é parte integrante da nossa capacidade de conceber qualquer coisa. Você é um bom receptor? A maioria das pessoas diria, automaticamente: "É claro que eu sou um bom receptor!" Mas comprove essa afirmação na próxima vez em que alguém lhe fizer um elogio. Você realmente o aceita? Ou você diz: "Ora, não foi nada. Não fiz nada disso. Não foi grande coisa." Você poderá descobrir que é muito

Receber é parte integrante da nossa capacidade de conceber qualquer coisa. Você é um bom receptor? A maioria das pessoas diria, automaticamente: "É claro que eu sou um bom receptor!"

fácil acreditar nessa conversa do não-é-tão-bom-assim a respeito de si mesmo. Ao receber um elogio e a apreciação de outros, você poderá se sentir constrangido e pouco à vontade.

Ponha isso em prática com seus amigos num próximo encontro. Você vai ouvir comentários absolutamente positivos a respeito de quem você é e de como você tocou a vida das pessoas. Pode ser difícil o simples fato de aceitar essas afirmações e, apesar disso, no seu íntimo, você precisa *aceitar* e respeitar o que de bom existe em você e nos outros. Esse é o primeiro estágio para se abrir ao Espírito, que se comunica com sua alma por meio de suas relações com os outros, como Redfield descreve de maneira tão clara em sua história de aventuras, e como Hubbard exemplifica de maneira tão bela na sua vida.

A oportunidade
é Deus
sincronisticamente
batendo à porta
de nossas almas.

James Redfield e
David Williamson

A Alma Celestina: Uma Conversa com James Redfield

A *Profecia Celestina* surgiu para Redfield como um romance de aventuras. O leitor é levado a participar de uma busca, que tem por cenário as florestas do Peru, à procura de um antigo manuscrito que contém nove revelações de importância fundamental, as quais a raça humana está predestinada a abraçar à medida que caminha rumo a uma cultura completamente espiritual na Terra.

Difundindo-se quase que totalmente por meio de propaganda boca a boca, o livro foi lido por um espantoso número de pessoas desde que chegou às igrejas Unity, às redes espirituais e às livrarias especializadas em assuntos metafísicos, alguns anos atrás. James encontrou-se conosco na Association of Unity Churches People's Convention, em Alexandria, na Virgínia.

David: Seu livro A *Profecia Celestina*, ao qual tem sido atribuída pelos meios editoriais a nova classificação de "ficção transformadora", tornou-se um *best-seller* de primeira grandeza. Por que o livro conquistou um público tão gigantesco?

James: Hoje muitas pessoas estão à procura de realização espiritual. Isso porque, há pelo menos 25 anos temos indagado: "Será que não existe algo mais?" Agora estamos dizendo: "Espere um pouco! Há, sim! Há muito mais do que o mero dogma religioso que me foi revelado. Há hoje uma noção mais clara do que seja a vida."

Por isso, continuamos a procurar. E não se trata apenas do meu livro; há muitos outros. Este é o nosso papel neste momento da história. Estamos dispostos a buscar uma idéia mais clara a respeito de nossa natureza espiritual e daquilo que a vida realmente é. Talvez o livro represente um acréscimo a essa clareza. Na verdade, as revelações contidas em *A Profecia Celestina*, somadas a muitas outras revelações, estão sendo introduzidas em nossa cultura ao mesmo tempo.

David: Em uma nota do autor, no prefácio do livro, você diz: "Uma nova consciência está surgindo no mundo, uma nova percepção que só pode ser chamada de transcendental, de espiritual... Neste momento da história, parecemos estar sintonizados com o processo da vida." O que há de especial neste momento?

James: Acho que estamos despertando para a plena dimensão espiritual da vida. A idade moderna esteve voltada para a obtenção de segurança material e secular, e o desenvolvimento da tecnologia. Agora estamos despertando novamente para os aspectos misteriosos da vida e tentando lidar com a compreensão que temos a respeito disso.

Como entender a minha vida? Como entender a sua dimensão espiritual? Como poderei tornar o mundo um lugar melhor e mais espiritual?

Gay Lynn: Que mudanças você vê acontecer no mundo que mostram uma nova consciência de amor, uma unicidade, a ocorrência de uma mudança positiva?

James: O que tem acontecido no Leste Europeu e na Rússia é certamente uma coisa inacreditável, miraculosa. Essas pessoas estavam dispostas a desistir de toda uma abordagem da vida que não era satisfatória. Hoje elas estão se voltando para a espiritualidade.

Ao mesmo tempo, parece que grande parte do mundo está ficando mais negativa. Isso é, na verdade, o colapso de um antigo ponto de vista, de um velho estilo de vida. Um estilo que, de repente, não se mostra mais eficaz, não nos proporciona mais nenhuma realização e gera uma frustração muito grande nas pessoas, que a manifestam por meios violentos de toda espécie.

Ao mesmo tempo, parece que grande parte do mundo está ficando mais negativa. Isso é, na verdade, o colapso de um antigo ponto de vista, de um velho estilo de vida. Um estilo que, de repente, não se mostra mais eficaz, não nos proporciona mais nenhuma realização e gera uma frustração muito grande nas pessoas, que a manifestam por meios violentos de toda espécie.

Por outro lado, há essa corrente subterrânea de amor e de ligação com o divino, a qual, segundo creio, só passou a penetrar plenamente a consciência do homem na década de 90. E, a meu ver, será um caminho de transformação que envolverá o mundo inteiro.

Gay Lynn: Você disse que nossas vidas estão destinadas a ser milagrosas. Você parece definir ou incluir, em sua maneira de entender o milagroso, toda experiência de sincronicidade, que é aquilo que Carl Jung chamava de...

James: ... percepção de coincidências significativas — quando ocorrem duas coisas que parecem estar além do acaso, quando parecem estar reforçando alguma coisa em nós e também parecem estar nos impelindo em direção a um certo destino.

Por exemplo, você tem uma dúvida, e acontece de você encontrar um livro que esclarece essa dúvida. Você precisa de um novo emprego e, misteriosamente, topa com a oportunidade que estava procurando. Há um lado místico na vida. É como o espírito opera. Nossa boa sorte pode se apresentar à nossa frente se soubermos aproveitar as oportunidades que surgem sincronisticamente em nosso caminho.

À medida que despertamos para uma abordagem mais esclarecida da espiritualidade — uma nova visão de mundo espiritual, como gosto de chamá-la —, começamos a entender como abandonar nosso antigo caminho e deixar que nossa boa sorte surja à nossa frente.

David: Há uma personagem em seu livro que envia energia a alguém. Você pode comentar um pouco esse fato?

James: O que estamos descobrindo, hoje, é nossa totalidade e o poder que temos como seres espirituais. Quando tivermos feito as ligações com nossa própria divindade, teremos essa mesma energia à nossa disposição. E poderemos usá-la intencionalmente. Poderemos focalizá-la em outro ser humano durante uma conversa, falar a seu eu superior, falar ao seu íntimo.

E eles se sentirão elevados e acolhedores. Então, o que em geral acontece é que partilham conosco algo que responde a uma pergunta que tínhamos. Se elevarmos as pessoas com suficiente energia, as respostas virão até nós.

David: E, às vezes, nem precisamos conversar com elas, não é mesmo? Podemos vê-las no metrô ou na rua, entre a multidão, e simplesmente enviar-lhes nossa energia.

James: Exatamente. E quanto mais dermos, mais receberemos. Esse não é apenas um belo chavão, é um fato espiritual; é assim que funciona.

David: Você disse que freqüentemente lhe perguntam quanto dessa aventura realmente aconteceu.

James: Na verdade, é uma parábola. A *Profecia* está na lista dos livros de ficção. Passamos pelas décadas de 70 e de 80 e nos encontramos aqui, na década de 90, num caminho espiritual, e tenho sido intensamente motivado por uma necessidade de clareza. Então tentei esclarecer meu caminho espiritual explorando a maneira como começamos a harmonizar todas essas pontas soltas vindas da física moderna, da psicologia interpessoal, do misticismo oriental e das religiões tradicionais com as quais crescemos. O livro é realmente a culminação da minha tentativa de entender o que está acontecendo no momento histórico atual. Minha conclusão é que a humanidade quer vivenciar a espiritualidade como nunca o fez antes.

David: E você colocou isso tudo na forma de uma história de aventuras?

James: Sim, o que me permitiu ilustrar algumas das concepções que eu estava procurando transmitir. Eu a chamo de parábola de aventuras.

Gay Lynn: Então, essa parábola de aventuras é uma velha maneira de comunicar a verdade — por meio da parábola ou da mitologia sagrada?

James: Isso mesmo. É fascinante ver pessoas que não tiveram nenhuma experiência anterior, diferente das que sua própria igreja talvez lhes tenha proporcionado, descobrirem no livro algo que lhes esclareceu alguma coisa.

David: Você teve uma atividade ou experiência que o sustentou durante a redação do livro?

James: Enquanto preparava o livro, eu morava em Birmingham, no Alabama, trabalhava como terapeuta e freqüentava com regularidade a Unity daquela cidade. É um lugar muito especial, energizador. O ministro, Jerry Bartholow, e sua mulher, Jane, criaram ali uma atmosfera muito amorosa, aonde se pode entrar e se abastecer. Foi muito importante no tocante ao nível de energia que eu necessitava para concluir o livro.

David: Até que ponto o livro é autobiográfico?

James: É autobiográfico na medida em que retrata o âmago das experiências que tive. O cenário e as personagens são, em grande parte, criados. Não pretende ser mais que uma parábola. Quis apresentar essas idéias como um esforço de clareza. Seu propósito é que as pessoas descubram o que soa e o que não soa verdadeiro para elas.

Gay Lynn: Escrever o livro transformou sua vida?

James: Foi com certeza uma confirmação. Tivemos nossa parcela de becos sem saída com esse livro. Mas, depois que obtive a mensagem na forma correta, tudo o mais me foi oferecido. Era uma experiência sincronística após outra — desde conseguir pôr o livro no papel, conseguir que fosse editado, publicar a primeira edição, até encontrar o editor correto para divulgá-lo mundialmente. Foi uma experiência e tanto observar tudo isso se desenvolver.

Tivemos uma divulgação boca a boca muito eficiente para o livro. As pessoas liam, gostavam da idéia e decidiam enviá-lo a outra pessoa — um parente, um amigo, a quem quer que elas pensavam que pudesse gostar dele ou ser ajudado por ele. Esse não é um livro que se fez pelos meios de comunicação de massa. Não estivemos em nenhum programa de televisão. Ele chegou ao primeiro lugar da lista de *best-sellers* simplesmente porque as pessoas decidiram que era um livro que elas queriam passar adiante.

David: Então, foi o poder das idéias e as possibilidades que essas idéias oferecem que fizeram o sucesso do livro. E, obviamente, você não tem de ir à Terra Santa, à Índia ou ao Peru para descobrir as nove revelações.

James: O tipo de verdade de que estamos falando é interior; mas se alguém preferir procurar lugares sagrados, eles existem em toda parte.

David: Você está preparando uma seqüência do livro?

James: Estou. É uma seqüência direta intitulada *The Tenth Insight*.

David: Sua vida tem-se caracterizado por atitudes corajosas, que vão além da crença em alguma coisa ou do fato de concordar com alguma coisa.

James: Vou dizer isso de uma maneira um pouco diferente. Este livro não aborda apenas a visão, o talento, ou mesmo a oportunidade. Ele fala da persistência. Muitas vezes, quando você pensa ter encontrado a Verdade, topa com um muro à sua frente. Esse é o momento de parar para refletir e imaginar por que não está funcionando da maneira como você esperava. Então, você a transforma e a desenvolve até que seja a Verdade para você.

Veja bem: quando encontramos o mesmo estranho pela terceira vez numa semana, precisamos fazer algo a respeito. Temos de abordá-lo e conversar com ele, porque o resultado desse encontro pode ser justamente a abertura da porta que precisamos encontrar aberta.

Quando isso acontece, sua vida passa a fluir sincronisticamente, com coincidências significativas, fatos misteriosos. Temos apenas de continuar observando até entender que elas estão acontecendo. Veja bem: quando encontramos o mesmo estranho pela terceira vez numa semana, precisamos fazer algo a respeito. Temos de abordá-lo e conversar com ele, porque o resultado desse encontro pode ser justamente a abertura da porta que precisamos encontrar aberta.

Somos
todos
parteiros
planetários
desse novo
nascimento.

Barbara Marx Hubbard

A Co-Criação, com Barbara Marx Hubbard

Barbara Marx Hubbard é uma futurista mundialmente famosa, conferencista e organizadora de simpósios científicos, universitários e de ativistas em âmbito mundial. Robert Muller, ex-secretário-geral assistente das Nações Unidas, escreveu certa vez a respeito de Barbara: "Se alguma vez encontrei uma pessoa plenamente consciente de sua responsabilidade com relação ao planeta, à humanidade e ao cosmos, essa pessoa é Barbara Marx Hubbard. Ela é uma autêntica mulher do século XXI."

O falecido Gene Roddenberry, criador da série *Jornada nas Estrelas*, escreveu: "Futurista renomada, Barbara Marx Hubbard no entanto tem os pés bem firmes no *dia de hoje*. Na verdade, sua inteligência e sabedoria parecem estar sempre dizendo: 'A melhor maneira de chegar a algum lugar é começar de onde se está.' Sou grato pelo muito que aprendi com ela."

Buckminster Fuller, inventor e arquiteto, disse certa vez: "Não tenho a menor dúvida de que Barbara Marx Hubbard, que ajudou a introduzir a concepção de futurismo em nossa sociedade, é hoje a pessoa mais bem-informada no que diz respeito ao futurismo e suas previsões."

Entrevistamos Barbara em sua encantadora casa na Califórnia, tomamos chá de ervas e refletimos sobre o futuro e o papel fundamental que desempenhamos no esquema evolutivo do planeta.

Gay Lynn: Encaramos nossa vida como um nascimento contínuo. Em seus escritos, você usa muito essa metáfora. Sendo futurista, como você vê essa questão?

Barbara: Minha metáfora para a história da criação é que a criação em si é um nascimento. E eu a vejo como a história do nascimento de uma humanidade planetária. Foram necessários 15 a 20 bilhões de anos para criar um sistema planetário que está apenas despertando para si mesmo como um organismo vivo.

Somos a geração que nasceu quando o planeta como um todo começa a despertar. Somos a primeira geração a estar ciente de que tudo o que fazemos afeta o planeta. Ninguém sabe como se tornar responsável por um sistema planetário. Não existem escolas que ensinem a evolução da consciência. O que existe são pequenos grupos de discussão que estamos formando.

Quando entrei na faculdade, as grandes universidades nem sequer reconheciam que o planeta estava evoluindo, e se preocupavam muito menos ainda em saber para onde ele se encaminhava ou como dirigi-lo!

Somos a geração que nasceu quando o planeta como um todo começa a despertar. Somos a primeira geração a estar ciente de que tudo o que fazemos afeta o planeta. Ninguém sabe como se tornar responsável por um sistema planetário. Não existem escolas que ensinem a evolução da consciência. O que existe são pequenos grupos de discussão que estamos formando. Quando entrei na faculdade, as grandes universidades nem sequer reconheciam que o planeta estava evoluindo, e se preocupavam muito menos ainda em saber para onde ele se encaminhava ou como dirigi-lo!

David: O que você está dizendo é que somos os parteiros planetários desse novo nascimento?

Barbara: Estou partindo da perspectiva de ser uma parteira planetária, supondo que esse seja um parto normal, um fato normal. Não vimos outro planeta passar por esse processo, mas suponho que não seja algo singular o fato de um planeta produzir vida inteligente. Pode ser um desenvolvimento orgânico normal para um planeta. Como há um ciclo vital biológico da concepção até a maturação, deve haver um ciclo vital planetário. Teve início na origem da criação, e sua gestação abrange a formação da Terra, a vida vegetal, animal e humana — e agora a nós. Estamos nos tornando uma espécie planetária, sofrendo as dores do parto, reconhecendo que somos um corpo único e que devemos nos organizar como um sistema total.

Atingimos os limites de crescimento neste planeta. Somos a última geração a se reproduzir em larga escala. Se nossa população duplicar mais uma vez, resultará em 10 bilhões de pessoas, o que é inimaginável. Isso significa que, a partir da nossa geração, mulheres e homens terão menos filhos, por escolha ou por catástrofe. Toda cultura que for incapaz de controlar sua população será dizimada.

Gay Lynn: Se não estivermos nos reproduzindo até o máximo da nossa capacidade, de que outra forma positiva poderemos utilizar esse poder criativo e regenerador?

Barbara: Aí está a importância da criatividade. A meu ver, esse é o verdadeiro resultado dessa crise natural. É natural atingir um limite de poluição. É natural atingir um limite de população. É natural mudar da procriação máxima para a co-criação. A energia da procriação e da reprodução maciça está começando a mudar no mundo desenvolvido. Nas mulheres, em particular, isso se manifesta como um desejo de auto-expressão, em ter um objetivo de vida, um trabalho significativo. A energia sexual está passando do desejo de reprodução para um desejo mais profundo de evolução, está se expandindo para uma energia supra-sexual. Na sexualidade, juntamos nossos genes para reproduzir a nós mesmos. Na supra-sexualidade, juntamos nossos *gênios* para expressar nossa criatividade latente. A união dos gênios, assim como a dos sexos, é excitante, prazerosa. A natureza nos dotou de um grande incentivo de auto-evolução, bem como de auto-reprodução! É maravilhoso co-criar.

Desse modo, estamos nos movendo da auto-reprodução para a auto-evolução, da procriação ou reprodução de si mesmo para a co-criação, ou seja, dar à luz o eu único por meio da auto-expressão ou vocação co-criativa.

David: E, uma vez que estamos vivendo mais, temos mais tempo para desenvolver nosso eu.

Barbara: Sim. A expectativa de vida, na virada do século XIX, era de menos de 50 anos. Hoje, está chegando aos 80. Todos nós com mais de 50 anos fazemos parte da nova geração. No passado, estaríamos mortos. O significado da longevidade consiste em nos dar tempo para crescer. Não conhecemos o pleno potencial da nossa espécie.

Quando se pensa que uma mulher podia ter de cinco a dez filhos e morrer com 35 anos! Essa era a expectativa de vida das pessoas comuns, no século XIX. Eu tive cinco filhos. E até os 35 anos nem sequer tinha consciência de quem eu era.

Gay Lynn: Então, você diria que grande parte do tempo, da energia, da informação e do amor de que precisávamos para criar grandes famílias está hoje disponível para que desenvolvamos a nós mesmos e ajudemos a desenvolver o planeta?

Barbara: Estamos passando por uma crise de criatividade não-expressa. Há muito poucas saídas para o nosso desejo apaixonado de expressar um propósito de vida. Sabemos o que é ter filhos; mas e quanto ao desejo de dar à luz a nós mesmos e de descobrir uma vocação escolhida? Ninguém nos ensinou a procurar nossa genialidade e a expressá-la no mundo. Você não a pode comprar ou alugar. Nossa criatividade não está ligada ao cargo que exercemos. Esse anseio por uma vida mais significativa freqüentemente se expressa como frustração. O que há de errado comigo? Por que não estou satisfeito? O que está acontecendo? Um novo arquétipo está nascendo: a pessoa co-criativa aquela que é ativada a partir de seu interior rumo à plena autocompreensão e auto-realização.

O primeiro passo para o nascer da pessoa co-criativa consiste no despertar de nosso maior potencial de crescimento. É importante afirmar esse potencial como bom, e não como neurótico — como se acreditava quando eu tinha 30 anos. Eu pensava estar doente. A visão que se tinha na época era: "Você tem cinco filhos. O que mais pode querer da vida?"

> **Sabemos o que é ter filhos; mas e quanto ao desejo de dar à luz a nós mesmos e de descobrir uma vocação escolhida? Ninguém nos ensinou a procurar nossa genialidade e a expressá-la no mundo. Você não a pode comprar ou alugar.**
> **Nossa criatividade não está ligada ao cargo que exercemos. Esse anseio por uma vida mais significativa freqüentemente se expressa como frustração.**
> **O que há de errado comigo? Por que não estou satisfeito? O que está acontecendo?**

Gay Lynn: Enfrentei esse mesmo desafio. Eu tinha um marido, dois filhos, uma boa casa, e me perguntavam: "Por que isso não basta? Por que você quer sempre mais?" Tive de tomar algumas decisões difíceis na época, e meu casamento terminou.

Barbara: Sim. As mulheres estão sendo ativadas a partir de seu íntimo por um desejo apaixonado de auto-expressão e de vocação. Esse anseio é vital para a evolução do planeta, pois na criatividade feminina latente reside a intuição do que precisa ser feito para curar e para desenvolver o mundo. O resultado dessa passagem da procriação para a co-criação é que homens e mulheres têm tempo para dar à luz a si mesmos – para nutrir e amadurecer uma criatividade que é única, para auto-evoluir, em vez de se sacrificar pelos filhos. Hoje, nós nos realizamos pelo bem do mundo. Pois o mundo precisa *não* de mais filhos, mas de pessoas mais sábias.

Essa mudança rumo à auto-expressão nos estimula a aprofundar nosso conhecimento interior. Abrimos o coração e, a partir desse conhecimento profundo, descobrimos o fio da meada do nosso próprio potencial e comprometemo-nos com o nascimento do nosso próprio eu, assim como nos comprometemos com o nascimento de um filho. Muito poucos de nós realmente deram à luz a si mesmos — não houve tempo, riqueza e informação para isso. Este é o objetivo da sociedade moderna: dar às pessoas a oportunidade de amadurecer e se expressar de maneira co-criativa. Apesar de toda a sua destrutividade, seu lado construtivo envolve a libertação de milhões de homens e de mulheres para que procurem o crescimento pessoal, espiritual e social. Estamos cultivando uma safra de seres humanos co-criativos!

É preciso assumir o compromisso de um amadurecimento pessoal. Embora eu esteja com 64 anos, sinto como se estivesse no começo. Não que eu me sinta jovem — eu me sinto *nova*, e cada vez mais, o tempo todo. O sistema planetário está no processo de transformação para o próximo estágio de evolução. Estamos ingressando num período de novidade radical. Enquanto membros do corpo do planeta, estamos nos tornando mais novos a cada dia.

Talvez sejamos como células do corpo de um organismo biológico que está nascendo do útero para o mundo. Essa é uma mudança desorientadora para as células: elas têm de assumir novas funções. Por isso, hoje, em nosso corpo planetário, estamos sendo convocados para novas tarefas, responsabilidades maiores, novas possibilidades fantásticas.

Eu digo para as minhas células: "Fiquem firmes; ainda não estamos prontas para a largada. Nós mal começamos, e levou todo esse tempo para chegar até este ponto!" Acho que Charles Fillmore, o co-fundador da Unity, estava certo. Estamos caminhando para a regeneração. Este é o momento para a regeneração do planeta. E ela começa a acontecer quando a nossa genialidade é ativada por meio da criatividade. Estamos sendo "ligados".

Eu digo para as minhas células: "Fiquem firmes; ainda não estamos prontas para a largada. Nós mal começamos, e levou todo esse tempo para chegar até este ponto!" Acho que Charles Fillmore, o co-fundador da Unity, estava certo. Estamos caminhando para a regeneração. Este é o momento para a regeneração do planeta. E ela começa a acontecer quando a nossa genialidade é ativada por meio da criatividade. Estamos sendo "ligados".

Creio que o objetivo de vida e a regeneração estão muito ligados um ao outro. Se não ansiarmos por uma criatividade maior, ocorrerá a degeneração. No entanto, a regeneração ocorre espontaneamente. Em última análise, creio que aprenderemos a morrer por opção — e a viver por opção. Viveremos enquanto tivermos paixão para criar.

Gay Lynn: Estou com 40 anos, e você está me propondo uma maneira completamente nova de encarar a vida e de me preparar para os meus 60 anos.

Barbara: Particularmente depois da menopausa, as mulheres parecem se regenerar e evoluir mais rapidamente, em vez de degenerar e morrer rapidamente. Talvez a menopausa seja um marco dessa metamorfose. Não temos mais de produzir ovos e de reproduzir a espécie. Temos tempo e energia para produzir iniciativas que contribuam para uma comunidade mais ampla.

A mulher está despertando para uma nova função. Está se tornando uma mulher co-criativa. Ao longo de toda a história, ela existiu sob a superfície da sociedade. Agora, está se erguendo aos milhões — porque já era tempo. A cultura do passado não o permitiria. O patriarcado detinha o poder. Mas hoje, à medida que ingressamos na era da parceria, como Riane Eisler a chamaria, há uma profunda necessidade social para o surgimento da mulher co-criativa. Todos os sistemas sociais estão desmoronando: saúde, educação, governo. Temos de aplicar a criatividade da mulher à evolução de comunidades e de sistemas sociais nos quais nossos filhos possam viver e crescer.

No interior da mulher co-criativa há um código para a evolução consciente da humanidade. Quando uma mulher descobre seu objetivo de vida mais profundo, ele se torna indispensável à evolução do planeta. Em sua genialidade, há alguma contribuição de que a comunidade necessita. Uma mulher co-criativa não está tentando ser igual aos homens. Em geral, ela não está tentando ingressar com sucesso nas estruturas existentes. Ela procura criar novas estruturas, novos sistemas, inovações sociais que melhorem a qualidade de vida.

David: Como isso afeta nossos relacionamentos, casamento e parcerias?

Barbara: Isso leva ao grande desafio do relacionamento homem/mulher. É algo absolutamente sem precedentes as mulheres erguerem-se em massa dessa maneira. Trata-se de uma mudança bioevolutiva de importância fundamental. Meu parceiro e eu estamos estudando um modelo de casal cósmico, esboçado por Catherine Chardin. Ela afirma que toda mulher contém em si o Masculino Divino, e todo homem, em contrapartida, contém o Feminino Divino. À medida que caminhamos para a união co-criativa entre homem e mulher, a mulher sente o despertar da vocação. Ela se entusiasma com o próprio potencial, segue seu objetivo de vida mais profundo e dá à luz a si mesma. Esse impulso de auto-expressão com freqüência desequilibra o relacionamento com o homem, que encara essa atitude como rejeição. Ele pode se tornar hostil e então é a mulher que se sente rejeitada, e muitas vezes é rejeitada de fato, ao expressar seu poder.

À medida que caminhamos para a união co-criativa entre homem e mulher, a mulher sente o despertar da vocação. Ela se entusiasma com o próprio potencial, segue seu objetivo de vida mais profundo e dá à luz a si mesma. Esse impulso de auto-expressão com freqüência desequilibra o relacionamento com o homem, que encara essa atitude como rejeição. Ele pode se tornar hostil e então é a mulher que se sente rejeitada, e muitas vezes é rejeitada de fato, ao expressar seu poder.

Na primeira fase do movimento das mulheres, esse anseio por uma identidade foi agressivo. Soava como antagonismo, e com freqüência tinha de sê-lo. No entanto, à medida que caminhamos rumo ao casal cósmico, algo novo acontece. O impulso da mulher, seu "logos", precisa ser aceito em profundidade pelo aspecto feminino do homem. Em vez de ser sistematicamente rejeitada, ela anseia ser amada pela sua iniciativa.

David: Então, a primeira fase da nova união não é as mulheres se tornarem parecidas com os homens, mas serem aceitas por eles.

Barbara: A primeira fase do casal cósmico é a aceitação, com amor, do aspecto do Masculino Divino da mulher pelo aspecto Feminino Divino do homem. A mulher passa a amar o homem pela receptividade dele. O homem, por sua vez, em vez de rejeitar seu lado feminino e se supermasculinizar para sobreviver no mundo competitivo, pode respeitar seu lado feminino interior.

Grande parte das realizações dos homens foi motivada pela necessidade de sustentar as mulheres que dão à luz seus filhos. Eles tinham de ser fortes, proteger, defender, lutar, levar para casa o dinheiro que ganhavam no mundo competitivo. Não era uma via de mão única; o patriarcado, em parte, se desenvolveu para sustentar as mulheres — e então se tornou selvagem! Desequilibrado, passou a ameaçar não somente as mulheres, mas todo o mundo — seja por uma hecatombe nuclear, seja por um colapso ambiental.

Grande parte das realizações dos homens foi motivada pela necessidade de sustentar as mulheres que dão à luz os seus filhos. Eles tinham de ser fortes, proteger, defender, lutar, levar para casa o dinheiro que ganhavam no mundo competitivo. Não era uma via de mão única; o patriarcado, em parte, se desenvolveu para sustentar as mulheres – e então se tornou selvagem!

Desse modo, quando a mulher se ergue com sua paixão para criar e é aceita com amor pelo homem, ela o ama pelo seu lado feminino que provê e alimenta. Então ele começa a respeitá-lo, o que promove o equilíbrio entre os aspectos masculino e feminino de sua personalidade. Reciprocamente, o lado feminino da mulher se equilibra à medida que ela expressa sua iniciativa masculina no mundo.

Gay Lynn: Como o homem se sente se estiver apenas apoiando a mulher nas realizações dela e não expressando de alguma maneira sua própria criatividade?

Barbara: Se isso acontecer, ele pode começar a se sentir insignificante, a sentir-se em falta com essa mulher. Por isso, é absolutamente vital que a mulher atente para a criatividade não-expressa do homem e o ajude a manifestá-la. Os homens raramente conseguem expressar sua intuição e criatividade no competitivo mundo masculino. O mundo lá fora é brutal, e não leva em consideração a sensibilidade profunda do homem. Em geral, é *perigoso* ser vulnerável.

Desse modo, à medida que a mulher se sente recebida e amada pela sua força interior, ela em troca ama a criatividade não-expressa do homem e cria um contexto no qual ele manifesta essa criatividade, uma vez que ele está alimentando a dela.

David: Pode-se dizer, então, que o novo homem está sendo gerado em parceria com a nova mulher.

Barbara: Sim, e com freqüência é a nova mulher quem estabelece o contexto no qual emerge o novo homem. É difícil para o homem total emergir numa sociedade competitiva, comercial, em que os atuais sistemas competitivos não apresentam um desempenho satisfatório no que se refere a educação, política e economia. Podemos sentir isso em nosso mundo ocidental; o mundo comunista já entrou em colapso e as nações do Terceiro Mundo possuem estruturas sociais inadequadas. No entanto, o colapso de velhas estruturas é natural por ocasião de um nascimento planetário. E mais uma vez podemos verificar que dos colapsos nascem muitos avanços revolucionários — inovações sociais na saúde, na educação, no meio ambiente, na administração — que intensificam a responsabilidade social, a cooperação, a criatividade, a sustentabilidade.

Sinto que o relacionamento co-criativo entre a mulher total e o homem total forma a unidade básica da nova cultura. A nova unidade familiar — a família co-criativa — está emergindo do colapso da família procriativa. O propósito da família co-criativa é dar à luz o pleno potencial de cada parceiro, e da criança que se escolheu ter.

Gay Lynn: Tudo isso requer que a mulher seja respeitada e aceita tanto pela sua paixão pela criatividade como pelo seu lado feminino maternal. Assim, ela não se afasta inteiramente de seu lado masculino.

Barbara: Ela mantém um alto nível em ambos os aspectos de sua natureza: o lado masculino expresso por meio de sua vocação, e o lado feminino intensificado para dar à luz a criatividade do homem. Pois é, tudo isso é muito bonito na teoria. Mas uma coisa é dizer, e outra coisa é fazer! À medida que os casais exploram juntos esse processo desafiador e apóiam um ao outro para a obtenção de um novo padrão social, o resultado será uma reestruturação da sociedade. Quando o relacionamento homem/mulher se deslocar para um modelo de parceria co-

> **A sociedade que evoluir a partir de casais co-iguais e co-criativos construirá um novo mundo. O conhecimento divino no feminino, em parceria com o homem como um todo é, a meu ver, o caminho para a evolução.**

igual e co-criativa, o novo mundo será estabilizado e a agressão será convertida em expressão criativa.

David: Nossa sociedade poderá evoluir de maneira muito positiva quando acabarmos de vez com a supressão do feminino em nós mesmos e a dominação das mulheres em geral. Isso poderá guiar a humanidade para um novo nascimento do planeta como um todo.

Barbara: Com toda a certeza. A sociedade que evoluir a partir de casais co-iguais e co-criativos construirá um novo mundo. O conhecimento divino no feminino, em parceria com o homem como um todo é, a meu ver, o caminho para a evolução.

David: Ao atingir a meia-idade, você deu à luz uma vida totalmente nova. Carl Jung falou sobre isso, dizendo que a primeira metade da vida não é vivida da mesma maneira que a segunda metade. Ocorre a crise da meia-idade, um nascimento, um questionamento.

Barbara: Sim, e isso é muito bom. Assim como milhões de mulheres, eu estou dando à luz um novo mundo. Comecei essa segunda vida por volta dos 35 anos, quando tive uma experiência de pico. Senti a Terra como um corpo vivo lutando para se organizar num todo. Essa experiência revelou-me uma missão: "Conte a história do nosso nascimento, *Barbara*." Eu descobri minha vocação: a passagem para a segunda vida, esse chamado, esse projeto inato que nos impulsiona para que realizemos nosso potencial. Isso só poderá acontecer quando tivermos menos filhos e quando vivermos vidas mais longas. Como eu disse, essa mudança é um elemento natural de uma crise, ou nascimento planetário natural.

Parece ter havido uma pausa no movimento das mulheres porque grande parte de sua meta foi alcançada, e embora muito mais deva ser conquistado no tocante à igualdade de direitos, a mudança planetária é tão grande que as mulheres não querem mais ser simplesmente igualadas a algo que está morrendo. A igualdade de direitos constitui a base necessária para co-criarmos um mundo à altura de nosso potencial.

Gay Lynn: Como as mulheres mais jovens estão reagindo nesta época de grandes mudanças?

Barbara: As mulheres mais jovens não estão dispostas a esperar pela crise da meia-idade. Muitas jovens de 20 anos estão conscientes de que não se sentirão realizadas apenas com o casamento e filhos. Elas sabem que devem encontrar uma vocação. No entanto, uma mulher jovem dedicada a uma profissão tem dificuldades para encontrar um homem que a apóie nessa vocação. Não é facil para uma mulher de grande entusiasmo criativo saber como se relacionar com um homem que ainda a quer para ser sua mulher e servir como sistema de apoio. Menos ainda sabe o homem como relacionar-se com ela! O relacionamento e a vocação podem parecer incompatíveis. Não o são — mas isso requer excelente capacidade de comunicação e uma profunda compaixão da parte de ambos os companheiros.

Costumo conversar com muitos jovens casais que estão passando por dificuldades. Algo que sempre ajuda é dizer a eles: "Eu também estou apenas engatinhando nesse assunto." O código genético não nos orienta nos relacionamentos co-criativos, tampouco nossos instintos femininos. Eles nos dizem para nos sujeitarmos ao homem, para nos agarrarmos a ele. De repente, nosso instinto nos diz para desenvolvermos o nosso potencial. Então, isso se torna uma escolha terrível e, em alguns casos, pode ser muito doloroso. Mas todas essas crises são positivas. Fazem parte da crise do nosso nascimento planetário. O colapso da família nuclear está nos dando a oportunidade de criar novas formas de parceria co-igual.

Costumo conversar com muitos jovens casais que estão passando por dificuldades. Algo que sempre ajuda é dizer a eles: "Eu também estou apenas engatinhando nesse assunto." O código genético não nos orienta nos relacionamentos co-criativos, tampouco nossos instintos femininos. Eles nos dizem para nos sujeitarmos ao homem, para nos agarrarmos a ele. De repente, nosso instinto nos diz para desenvolvermos o nosso potencial. Então, isso se torna uma escolha terrível e, em alguns casos, pode ser muito doloroso.

David: Que indicações pragmáticas acenam para um novo mundo e uma evolução consciente?

Barbara: Há um sem-número delas. O movimento ambientalista é um bom exemplo. A consciência ecológica está fomentando a compreensão de que estamos ligados ao sistema como um todo, que somos membros de um único corpo, que somos todos parte de uma mesma família. Esse movimento tem apenas trinta anos, mas a crise ambiental está nos forçando a aprender como lidar com uma *ecologia do planeta*. Este é um impulso evolutivo da mais fundamental importância.

Está havendo uma revolução maciça na saúde. Estamos aprendendo a assumir responsabilidade pela alimentação, exercícios, sintonia, prece, autocura. Estamos buscando terapias alternativas não-intrusivas. Milhões de pessoas pararam de fumar e consomem carne vermelha em menor quantidade, ou simplesmente a aboliram de seu cardápio. Outras estão se tornando vegetarianas, assumindo responsabilidade por seu corpo, bem como pelo meio ambiente como um todo.

Outro sinal positivo é a passagem do patriarcado para a parceria, a procura de relacionamentos compassivos, não-coercitivos. Surge uma evolução da própria religião, à medida que aprendemos que somos co-participantes da criação, que nossos pensamentos criam nossa própria realidade.

E eu me sinto feliz de estar no centro desse movimento de massa. Isso porque, quando começamos, trinta anos atrás, com certeza estávamos muito isolados. Hoje em dia, não nos sentimos sozinhos, em absoluto! Estamos lidando com um despertar em massa, com uma revolução no desenvolvimento humano. Essa revolução da criatividade, combinada com a responsabilidade ambiental e social e com o uso adequado de tecnologias avançadas, pode levar a um salto quântico nas habilidades de nossa espécie. Acredito que estamos efetivamente passando de uma fase terrestre e autoconsciente da evolução humana para uma fase universal, cósmica e consciente. Estamos nos tornando, física e espiritualmente, uma humanidade co-criativa.

Dentro

Certa vez, li um cartaz
Que dizia que o Reino de Deus
Estava dentro de mim.
Porém, nunca confiei
Num solo tão improvável.

Saí.
Percorri escolas
E bibliotecas
E capelas e templos
E os olhos de outras pessoas
E os céus e as rochas,
E encontrei tesouros
Vindos do tesouro do Reino,
Mas não o Reino.

Finalmente,
Aquietei-me
Para um repouso
E acendi a luz.

E aí,
Assim como numa festa-surpresa,
Lá estava toda a realeza sorridente:
Rei, rainha, corte.

Pessoas têm sido
Aprisionadas por menos, sei disso.
Mas eu digo a você
Algo maravilhoso
Tem esta pele como fronteira:

Sou um castelo
E o Reino de Deus
Está dentro de mim.

PICTURE WINDOW
POR CAROL LYNN PEARSON

3

A Música e o Espírito

Música: Poesia para a Nossa Alma

A descoberta dos aspectos místicos da vida requer uma abordagem completamente singular e diferente. Não podemos estudar o Feminino — a energia magnética, a energia que dá à luz — da mesma maneira como temos estudado tudo o mais em nossa vida. Ensinaram-nos a analisar, a dissecar, a racionalizar, a ordenar e a articular intelectualmente todos os aspectos das energias Masculinas. Esses métodos quantificáveis são importantes para alguns estudos, mas não para a porção mística de nosso ser, que é tocada de maneira diversa, semelhante à experiência de ouvir música. Integramo-nos à música e somos transformados pela vibração dos sons, pela melodia e pelas palavras, que se tornam poesia para nossa alma.

Somos profundamente afetados pelos sons que nos cercam. O gotejar de uma fonte nos tranqüiliza e nos acalma. Gay Lynn gosta de tocar guitarra e de cantar, e esse ato de amor inspirou seus filhos a descobrirem seus próprios talentos. Todos nós temos momentos em que uma canção especial nos vem pelo rádio e nos transporta para um outro tempo e para um outro lugar. Muitos veteranos de guerra lembram que certas canções os fizeram seguir em frente quando tudo parecia perdido e transtornado — a canção deu-lhes o incentivo de que precisavam. A música é realmente uma dádiva de Deus, à qual somos indiferentes a maior parte do tempo.

Muitas datas especiais não seriam as mesmas sem música. As músicas de Natal dão o tom a essa época e evocam em nós o que chamamos de "espírito de Natal".

Quando o rei Saul precisava de consolo, pedia a presença de Davi e sua harpa. De maneira semelhante, quando estamos perturbados, a música pode ser um bálsamo para nossas almas. No entanto, algumas músicas têm o efeito exatamente oposto: elas nos despertam, nos põem em movimento, nos fazem dar um salto. Assim como os alimentos afetam o corpo de diferentes maneiras, a música pode afetar diferentemente nosso corpo, de acordo com seu ritmo.

Todos já passamos pela experiência de ouvir uma bela canção, cantada de maneira tal, que nos causou arrepios. Somos feitos de energia; atividades eletromagnéticas ocorrem dentro de nós e ao nosso redor. A música e o som interagem com nossos sistemas somáticos, criando respostas eletroquímicas. Poderíamos dizer que temos "saúde sonora" e permitimos que o som facilite o parto de nossa experiência anímica. Atualmente, estamos aprendendo mais a respeito de como a música, o som e o corpo funcionam em harmonia para aliviar o *stress*, reduzir a pressão arterial e harmonizar as relações sexuais.

Hoje, fazemos uso da terapia musical, que teve sua origem nos tempos antigos. Em seu livro *Healthy Pleasures*, Robert Ornstein e David Sobel relatam que o mais antigo documento médico conhecido é um papiro contendo encantamentos utilizados para curar doentes. Eles comentam: "Para os antigos gregos, Apolo era o deus da medicina e da música. Os médicos daquele tempo utilizavam a música para regular as batidas do coração, e a música e o canto eram tradicionalmente recomendados para a cura de muitos males; entre eles a 'melancolia'." Os autores enfatizam o fato de a cura através do som e do ritmo ser bem aceita em diversas culturas em todo o mundo.

As palavras e os sons da música alimentam nossa alma e nosso corpo. Somos nutridos com palavras de esperança, de amor e de fé. Ansiamos por experimentar a presença divina e, com freqüência, essa experiência é intensificada por meio da dádiva da música.

Ouça o espírito
cantar para você:
"Você
é tão lindo
para mim!"

O. C. e Robbie Smith

Los Angeles, Califórnia

A Música como Forma de Ministério, com O. C. Smith e Robbie Smith

O. C. e Robbie Smith realizam juntos um trabalho espiritual que chamam de City of Angels Church of Religious Science, nas proximidades do Aeroporto Internacional de Los Angeles. O. C. prega para uma numerosa congregação todos os domingos, e fomos muito bem recebidos quando lá estivemos. O serviço dominical conta com alguns dos amigos de O. C., que são músicos de *jazz* e membros da The Sunday Morning Band. Eles tocam durante o culto, somando seus talentos singulares à alegria e à celebração.

O. C., que deixou sua marca na música popular durante a década de 70, transformou-se de cantor *pop* em líder espiritual. Sempre que se apresentava em Detroit, ele nos visitava aos domingos e às vezes cantava durante o culto. Num certo Dia das Mães, cantou "You are so beautiful to me" para uma congregação comovida até as lágrimas. Conversamos com O. C. e com Robbie em sua casa de Los Angeles, onde nos contaram sua bela história de amor e de dedicação.

Gay Lynn: O. C., você pode contar-nos um pouco da sua evolução de artista que gravava discos a ministro de sua igreja City of Angels?

O. C.: As pessoas que estudam os princípios da vida sabem que o carvalho gigante já está contido em seu fruto minúsculo. E foi assim na minha vida. O que sou hoje sempre esteve presente na minha música.

Querem um exemplo? Todas as canções que já cantei e que fizeram enorme sucesso: "Honey", "For the good times", "Don't misunderstand"... há uma lista delas. Eu não estava consciente disso na época, mas eram uma forma de ministério. Portanto, eu estava evoluindo para o que sou hoje sem me dar conta disso. Tantos acontecimentos prepararam o caminho e me levaram à vida que eu, felizmente, estou vivendo agora. O que eu fiz durante anos em minha carreira de cantor, foi oficiar por meio da música.

Centenas de pessoas das mais diversas origens e condições vinham a mim para partilhar suas histórias com relação a minha música e como ela as afetava.

David: Cite algumas das suas músicas favoritas.

O. C.: Canções como "Daddy's little man" e "Son of Hickory Hollow's tramp", "Help me make it through the night" e "Little green apples" surgiram no início da década de 70, enquanto se desenvolvia a Guerra do Vietnã. Conversei com muitos soldados que tomaram parte no conflito, e eles mencionavam uma ou outra canção em particular que os havia ajudado, pois as palavras eram muito significativas. A canção os ajudou a lidar com suas emoções e a permanecer firmes, deu-lhes uma razão para seguir em frente e sair daquela situação difícil. À medida que a guerra se intensificava, as canções lhes ofereciam um certo grau de sanidade, pois era algo com que podiam realmente se identificar.

Outra ocasião foi quando Robbie e eu estávamos oficiando e, depois do culto, um casal veio até nós e nos contou que tinham três filhas e todas elas tinham sido concebidas ao som da canção "Little green apples"! [*Risos.*]

Toda as minhas músicas eram uma forma de ministério; não é diferente hoje em dia. Para mim, essa foi a época mais importante da minha vida. Olhando para trás, percebo que eu não tinha noção do que estava acontecendo comigo. Hoje estou ciente do poder da música e dos ensinamentos da Ciência Religiosa. Acho muito gratificante juntar ambos — a música e o ensinamento — no trabalho que realizo hoje.

Gay Lynn: O que o fez compreender que estava numa viagem espiritual?

O. C.: Em parte, encontrar Robbie. Pela primeira vez na minha vida, eu conhecia alguém com quem me sentia profundamente envolvido, e isso continua a crescer. Eu estava vivendo uma busca espiritual. Robbie e eu nos encontramos numa festa e a conversa enveredou para a religião. Fazia muito tempo que eu não ia a uma igreja — o futebol americano nas manhãs de domingo era o meu culto — mas havia uma procura subconsciente dentro de mim. O amor sempre foi um sentimento muito presente em minha vida. Isso emergia através de minha música e de tudo o que eu fazia. Sempre tive um enorme afeto pelas pessoas.

Os aspectos espirituais da minha vida não estavam em discussão; não obstante, eu os estava explorando, aqui e ali, e não estava satisfeito. Robbie e eu estávamos trocando idéias sobre essa questão, na festa, quando um casal nos convidou para nos juntarmos a eles no dia seguinte, no Wilshire Ebell Theater, onde o dr. Joseph Murphy lecionava. Estivemos lá durante uma hora ouvindo-o falar. Ao sair do teatro — era um belo dia de verão —, eu disse a mim mesmo que não sabia ao certo sobre o que o homem falara, mas o que quer que fosse, eu tinha de ouvir mais a respeito. Finalmente, percebi o que eu andava procurando e soube que estava procurando por mim mesmo. Fomos atraídos um pelo outro. E a partir desse momento comecei a estudar, a ouvir e a ler muito. Eu fiquei obcecado.

Hoje eu sei que estava passando por um processo de transformação. A semente estava brotando e o eu maior começava a se manifestar da maneira como o Espírito sempre pretendeu que acontecesse — orientando-me para o ministério que estou realizando agora.

Eu era um homem com três amores: Robbie, a Ciência Religiosa e a música. Eu os encontrei todos ao mesmo tempo: o relacionamento, a busca espiritual e minha música. Foram acontecimentos muito importantes que, por terem surgido de uma só vez, tornaram-se ainda mais significativos. Apesar de tudo, na época, eu não estava plenamente consciente de que minha vida se desenvolveria de maneira tão bela, com um tal significado, propósito e direção. Hoje, estou certo disso.

Gay Lynn: Robbie, isso faz parecer que o seu relacionamento ajudou O. C. a criar o espaço sagrado para que a vida espiritual se tornasse mais consciente.

Robbie: Mas isso não aconteceu só com ele. Aconteceu comigo também. Nós vínhamos de casamentos desfeitos. Eu não acredito que você tenha de morrer para se tornar uma nova pessoa. Você pode definir isso como evolução espiritual, estar ciente da Inteligência Divina, uma elevação da consciência ou um renascimento. Seja qual for a definição, sei que não sou a mesma pessoa que era há 21 anos. Houve um progresso tranqüilo, de modo que quando O. C. e eu nos conhecemos, eu sabia o que devíamos fazer. Nós dois havíamos plantado sementes espirituais, e quando nos encontramos fisicamente, estávamos conscientes de que a nossa seria uma união especial. Essa época marcou o início de uma nova etapa de nossa evolução espiritual. Foi uma espécie de nascimento repleto de belas mudanças, que aconteceu com os dois, ao mesmo tempo.

David: Qual foi o processo de parto desse novo trabalho que vocês, juntos, deram à luz em City of Angels?

O. C.: No que diz respeito à igreja, foi como o método de parto denominado exercícios de Lamaze, onde há pouca dor porque você vem trabalhando durante todo o processo. Você apenas continua respirando, respirando! Foi o que o Espírito quis que fizéssemos de modo que não houvesse, em absoluto, dor nesse processo. Enfrentamos alguns desafios, mas Robbie e eu combinamos nossos talentos para dar à luz um belo e crescente ministério.

Que a música
que ouvimos se destine
à saúde dos sons.

Steven Halpern

San Anselmo, Califórnia

Dando à Luz a Sinfonia da Vida, com Steven Halpern

Steven Halpern foi aclamado internacionalmente como um dos pioneiros da música *new age*. Na primeira International New Age Music Conference, em fevereiro de 1989, ele foi homenageado com um precioso Crystal Award por sua contribuição ao campo da música instrumental contemporânea como compositor, multiinstrumentista com discos gravados, produtor e presidente de um selo de gravação independente. Os trabalhos de Halpern são extremamente populares, com vendas que ultrapassam os dois milhões de cópias em todo o mundo. No entanto, dentre todas as suas realizações, aquilo de que Steven tem mais orgulho é o redespertar da percepção do verdadeiro poder da música como uma forma de arte curativa.

Gay Lynn: Steven, cite algumas formas práticas de equilibrar as energias do Masculino Divino e do Feminino Divino no nosso dia-a-dia.

Steven: A percussão ativa as energias Masculina e Feminina e o equilíbrio hemisférico bilateral do cérebro, até mesmo se você usar apenas as mãos, tamborilando ou batendo em padrões sincopados. (*Steven tamborila sobre os joelhos numa cadência rítmica.*) Algumas pessoas têm dificuldade de fazer isso. É sempre bom ter um tambor ou outro instrumento por perto, de modo que se possa dispor de oportunidades sonoras reflexivas.

Outro tipo de atividade física curativa envolve a percussão e o canto simultâneos.

David: Como afirma Matthew Fox, temos uma afinidade natural com a percussão porque durante os primeiros nove meses de vida no útero de nossas mães crescemos ouvindo a batida ritmada de seu coração.

Gay Lynn: Como a música que toca no rádio, hoje em dia, pode nos afetar?

Steven: As canções de hoje baseiam-se no som produzido por uma máquina. O propósito da música *heavy metal* na década de 70 era fazer um tambor soar como o pistão de um automóvel. Da mesma forma o *blues*, de início, reproduzia o ritmo de um trem correndo pelos trilhos. Hoje temos sintetizadores, baterias e a robótica. Não há nada de natural ou de normal a que nosso coração possa responder, pois o ritmo produzido manipulará automaticamente a batida do coração do ouvinte. Se as batidas do seu coração forem forçadas a responder a um robô, isso de imediato provocará *stress*. É preciso levar em consideração a fonte da música que ouvimos. Temos de cuidar da nossa própria programação. Assim como guardamos na geladeira os alimentos certos, precisamos ter em casa trilhas sonoras que façam bem ao nosso espírito.

> **Se a batidas do seu coração forem forçadas a responder a um robô, isso de imediato provocará *stress*. É preciso levar em consideração a fonte da música que ouvimos. Temos de cuidar da nossa própria programação. Assim como guardamos na geladeira os alimentos certos, precisamos ter em casa trilhas sonoras que façam bem ao nosso espírito.**

David: Tem-se falado a respeito da escuridão divina. O que isso tem a ver com a nossa saúde e com a música para dar à luz o melhor daquilo que somos?

Steven: Quando componho, medito e trabalho com os olhos fechados. É onde encontro a ligação mais profunda, nessa escuridão divina. Sinto uma grande energia, renovação e recarga, ao entrar nesses espaços.

Além disso, costumo compor à noite, quando há paz tanto exterior quanto interior. Ao fecharmos os olhos, induzimos ondas alfa entre 8 e 12 ciclos por segundo. Grande parte de nossa sociedade se ocupa em manter nossos olhos abertos diante da TV. Na década de 60, as pessoas ouviam música com os olhos fechados. Hoje existe a televisão musical, a MTV, os vídeos de música, e, além de ouvir música, as pessoas estão sempre olhando para alguma coisa. Eu me rebelei contra essa situação.

Eu lembro às pessoas que, se querem ouvir música, devem fechar os olhos; assim poderão extrair mais da música e penetrá-la de maneira mais plena.

Gay Lynn: Devemos, então, selecionar uma trilha sonora e escutá-la na escuridão divina?

Steven: Quando você interrompe o estímulo visual, que equivale a cerca de 75% da informação que vem dos sentidos, você se abre para uma nova gama de consciência. As estrelas estão sempre no céu, mas o sol as esconde. É muito importante reservar um tempo para fechar os olhos e ouvir a música que vem desse espaço sagrado interior. Assim, penetramos muito mais na música.

David: Em sua longa e bem-sucedida carreira como músico, compositor, orador e empresário, estou certo de que você tem sua parcela de dores de parto. Como você lida com elas?

> **Quando você interrompe o estímulo visual, que equivale a cerca de 75% da informação que vem dos sentidos, você se abre para uma nova gama de consciência. As estrelas estão sempre no céu, mas o sol as esconde. É muito importante reservar um tempo para fechar os olhos e ouvir a música que vem desse espaço sagrado interior. Assim, penetramos muito mais na música.**

Steven: Ah, sim, eu também tenho a minha parcela de dores de parto. Na semana passada, ligamos para a gravadora e o pessoal tinha se esquecido de prensar nosso último CD, e ficamos fora de circulação. Precisaríamos de duas semanas a um mês para voltar à produção e havia muitos pedidos à espera. Respirei fundo e fiz uma prece: "Está na ordem divina." O que tiver de ser, será! Fiz tudo o que estava a meu alcance. Liguei para algumas pessoas da gravadora, mas o prazo precisou ser adiado, e então tive de "deixar nas mãos de Deus". Fiz a minha parte — usei todos os meios de que dispunha. Assumi a responsabilidade por aquilo que estava ao meu alcance e, então, num dado momento, quando compreendi que tinha feito tudo o que podia, tive de me render. A rendição tem me ensinado muito, e também a decisão de deixar as coisas nas mãos de Deus — o que é uma grande lição para todos nós.

Gay Lynn: Agora que você se casou, há um equilíbrio não apenas no interior do seu Feminino e Masculino Divinos, mas também na construção de um relacionamento.

> ***Spectrum Suite*** **e outras trilhas sonoras promovem um alinhamento de energias. O centro cardíaco de um e de outro ficam mais alinhados e literalmente em harmonia. Essa energia e equilíbrio elevam a experiência de fazer amor. E quando temos os sete chakras alinhados em vez de dois – garanto que é bem melhor!**

Steven: Sim, estar num ambiente mais equilibrado, tanto no meu interior como com minha mulher, me proporciona mais realizações. Dizia-se, alguns anos atrás, que para cantar *blues* você precisava ser realmente infeliz. Ou que para tocar *jazz* você tinha de estar zangado. Não concordo com isso. Um professor certa vez me disse: "Steven, você vai tocar melhor se tiver feito uma boa refeição e souber como vai pagar o aluguel!" Isso é muito diferente dessa experiência de carência e de não-prosperidade.

Assim, todo esse processo de parto e de estar casado é uma expressão da abundância em minha vida, e isso alimentará minha música.

David: Muitas pessoas ouvem sua música quando fazem amor...

Steven: As pessoas começaram a fazer isso com *Spectrum Suite*. A princípio elas diziam: "Se o objetivo da *Spectrum Suite* é fazer relaxar e meditar, não se deve fazer amor ao som dessa música." Mais tarde, elas constataram que quando ficam relaxadas atingem uma oitava superior no ato de amar. A música robótica, trabalha com uma tecnologia atrevida e agressiva. *Spectrum Suite* e outras trilhas sonoras promovem um alinhamento de energias. O centro cardíaco de um e de outro ficam mais alinhados e literalmente em harmonia. Essa energia e equilíbrio elevam a experiência de fazer amor. E quando temos os sete chakras alinhados em vez de dois — garanto que é bem melhor!

Sua Mente Ideal

Para alimentar a mente ideal:
Luar.
Apague as luzes, apague até mesmo a vela
Fale com ela gentilmente; ela esteve relegada
por tanto tempo, é fugidia.
Sugira, não presuma
Convide
Espere

Deixe o ser preencher o espaço
do fazer
De modo que você possa apenas
ser.

Deixe a mensagem emergir
do mar do entendimento
como uma sereia cantando sua sedução.
Pense em peixes deslizando velozes por águas escuras.
Pense na noite, em mares enluarados e em
luar nenhum.

Pense na água. Pense em profundezas, em umidade.
Pense sutil. Pense mais sutil.
Pense sentimentos.

Sua dama, sua sabedoria,
é uma arquivista. Ela sabe o que aconteceu.
Basta perguntar.
Ela não está com medo, já andou por estas paragens.
Outro tipo de claridade, prateada, não total, emerge.
Sua dama é sua mais antiga aliada,
Seu bom senso.

Sem ela, você é menos do que a metade de si mesmo;
com ela, você é total e está pronto.
Como um golfinho, ela está ao seu lado
quando você não tem objetivos
e procura apenas satisfazer seu maior desejo.

Deixe-se atrair, viciar pela vida
e por suas mais profundas exigências.
Ame, não amaldiçoe, os becos sem saída,
as luzes vermelhas e a bagagem perdida.
Sem correr riscos não existe jogo.
Não pense que "sem dor não há vitória"
mas que "sem amor não há conquista".

Seu bom senso,
sua dama
O sábio fala por figuras e imagens,
uma língua dispersa. Apanhe como puder
o seu pó de borboleta.

Mas se você der grande valor ao tesouro dela,
seja leal.
Durante séculos ela esteve angustiada na escuridão
e rejeitada ao sol.
Se então ela estava com você,
está com você agora.

Pergunte
Pergunte
e então, é claro,
ouça.

MARILYN FERGUSON

4

Dando à Luz a Alma das Empresas

Lemos um artigo na *Unity Magazine* de novembro de 1994 intitulado "Business: the old and new stories", e chegamos à conclusão de que tínhamos de entrevistar o autor, o dr. Charles Garfield. Decidimos também falar com o empresário Rinaldo Brutoco, um dos fundadores da World Business Academy. Quando chegamos à sede da Red Rose Collection e contamos a Rinaldo que tínhamos sido inspirados pelo artigo de Garfield que a *Unity Magazine* reproduzira do livro *Second to None*, ele disse: "Esse é exatamente o trabalho da World Business Academy!" Esse sincronismo parecia confirmar a importância de entrevistar esses dois homens, representantes de um corpo crescente de líderes empresariais, consultores, escritores, oradores e pessoas ligadas ao desenvolvimento de empresas voltadas para novas maneiras de trabalhar, de realizar negócios e de prosperar.

Apresentamos aqui primeiro a entrevista de Rinaldo Brutoco, porque ele e a Red Rose Collection, empresa que preside, são um exemplo vivo dos princípios e do processo que Charles Garfield destaca em seu artigo. E eles funcionam, pois a Red Rose não é um exemplo isolado de empresa em transformação. Ela evoluiu a partir de um pensamento criativo, corajoso e intrépido. Alguns ficarão assustados ou descrentes, e se mostrarão reacionários diante da descrição que Rinaldo faz da Red Rose. Eles podem perguntar: "Mas quem é o patrão?" Outros poderão recusar-se a acreditar que pode haver uma nova forma holística de viver e de trabalhar que, efetivamente, põe em prática ideais espiritualistas. Alguns se agarrarão a seu fundamentalismo comercial e simplista, e outros ficarão tão impressionados com as possibilidades de mudança de mentalidade e de transformação organizacional que exclamarão: "Que instigante! Essa forma recém-descoberta de partilhar e de prosperar nos une, liberta, inspira, motiva e ajuda a cuidar de nosso lar e da nossa preocupação básica maior — o planeta em que vivemos."

Gostaríamos de partilhar alguns pensamentos-chave extraídos do artigo de Charles Garfield para introduzir o tema "Dando à luz a alma das empresas":

Eu acredito que o papel que as empresas têm de desempenhar no mundo atual é o da administração sagrada pelo bem comum. Onde começa essa missão de administração sagrada voltada para o grupo? Começa com um novo mito, com uma ética orientadora, com uma nova história que explica quem somos, como o mundo funciona e qual o nosso valor dentro dele. No cerne dessa nova história há três valores:

- *Atendimento excepcional*
- *Qualidade excepcional*
- *Pessoas satisfeitas que trabalham dando o melhor de si.*

O velho paradigma das empresas na era industrial baseava-se em quatro poderosas histórias, que estão sendo abandonadas. Essas quatro histórias também estão mudando na nossa cultura mais abrangente.

A primeira delas é a história das empresas e da sociedade como uma máquina que funciona em sintonia fina — a visão mecanicista básica do mundo... Nessa visão de mundo as pessoas são encaradas como bugigangas humanas, unidades de trabalho descartáveis, fatores de produção, reduzidas a frações do seu potencial.

A segunda história que está sendo rapidamente abandonada é a do crescimento ilimitado — a economia desligada do seu tecido ecológico. Tratamos a Terra como tratamos a fronteira norte-americana dos velhos tempos — como se ela não tivesse limites...

A terceira é a história da hierarquia — pirâmides, escadas — como a mais eficiente forma de organização; organizações de comando e controle caracterizadas pelo patrão centralizador no topo e, abaixo dele, exércitos de trabalhadores submissos tocando a linha de produção...

A última história que está sendo abandonada rapidamente é a do pioneiro solitário, do individualista austero... Esses guerreiros recomendam entusiasticamente que a empresa seja "enxuta, com gastos cortados ao máximo, sem gorduras", mesmo que isso signifique a dispensa de milhares de trabalhadores.

Todas essas histórias estão desaparecendo e apontam muito claramente para uma mudança global de mentalidade. Em primeiro lugar, a história da máquina está mudando para a história do ecossistema. Empresas como ecossistemas. Organizações como ecossistemas...

A história do crescimento ilimitado está mudando para a história do crescimento sustentável, saudável, que não representa perigo para as perspectivas do planeta em relação às gerações futuras...

Em terceiro lugar, a história da hierarquia com um patrão centralizador no topo está mudando para a história da organização democrática em rede. Uma organização em rede opera mais à semelhança de uma teia de aranha do que de uma máquina...

Estamos reconhecendo que há dois tipos de mudança: reforma e transformação. Reforma é uma mudança que ocorre dentro do velho paradigma, uma mudan-

ça dentro do velho sistema que retém os pressupostos subjacentes. Transformação envolve uma mudança no paradigma básico, uma mudança nos pressupostos subjacentes. *Afinal, você não pode fazer uma lâmpada elétrica a partir de uma vela, não importa o que você faça com ela. De maneira semelhante, você não pode criar um ecossistema a partir de uma máquina...*

Líderes do mundo empresarial estão se tornando os primeiros verdadeiros cidadãos do planeta, mas eles não têm a visão de como funciona um ecossistema planetário saudável. A mudança global de mentalidade sobre a qual estamos falando envolve a implantação, no cerne das nossas instituições, de uma perspectiva humanista, uma ética de ecologia substancial e uma profunda base espiritual.

O que é necessário é uma visão que nos una à natureza e a tudo o que vive. Essas organizações transformadoras que abraçam a nova história estão ocupadas integrando os supostos valores masculino e feminino. Valores femininos tais como zelo, compaixão, empatia e ternura estão sendo seriamente priorizados, hoje em dia. E as empresas estão deixando de se apegar cegamente às organizações hierárquicas, exploradoras e baseadas na cultura do dominador, que podemos associar com nossos problemas mais dolorosos.

Ao reconciliar, integrar e juntar esses valores femininos e masculinos, as empresas estão aprendendo lentamente a ser inflexíveis com os problemas e ternas com o planeta e seus habitantes. À medida que as empresas se tornam mais complexas, homens e mulheres de negócios têm de aprender a se comunicar uns com os outros e a cooperar por vias muito mais sutis. Você não pode colocar alguém na lua a não ser que goste dos seus colegas de equipe e possa trabalhar bem num contexto interdependente. A qualidade dos nossos produtos, das nossas forças de trabalho e dos nossos locais de trabalho depende, como nunca dependeu antes, da qualidade dos nossos relacionamentos uns com os outros...

Em nossa nova história dos ecossistemas de negócios, nós finalmente aprendemos que explorar os trabalhadores não é apenas errado, mas estúpido. Você não pode querer fabricar produtos de qualidade e oferecer serviços de qualidade utilizando mão-de-obra explorada. Isso nunca funcionará. A velha história nos conta que, não importa qual seja o seu produto, você pode bombear sua imagem com mirabolantes façanhas publicitárias. A nova história nos fala sobre a necessidade de autenticidade, de interdependência, de integridade e de honrar as promessas. Crenças da nova história que têm importância crítica para um ecossistema nos negócios baseiam-se no respeito pela vida. A compreensão de que no cerne do crescimento econômico e comercial saudável há uma teoria holística é de importância fundamental para a nova história que estamos escrevendo.

Rinaldo Brutoco

Burlingame, Califórnia

O Desabrochar da Rosa Vermelha, com Rinaldo Brutoco

Rinaldo Brutoco é presidente do conselho, diretor-executivo, presidente e diretor de operações da The Red Rose Collection, Inc. Rinaldo é também o diretor-executivo da Dorason Corporation, uma empresa bancária mercantil e de consultoria. A Dorason Corporation foi fundada em 1981 por Rinaldo como um banco mercantil que buscava oportunidades de investimento em áreas onde uma contribuição socialmente valiosa pudesse demonstrar a viabilidade econômica de "fazer bem fazendo o bem". Mais especificamente, ela foi criada para "servir ao aspecto feminino das energias divinas no planeta". Rinaldo fundou a World Business Academy e atua como diretor e administrador dessa organização.

Lalla Shanna Brutoco é diretora e vice-presidente de *merchandising* e de criação da The Red Rose Collection. Suas responsabilidades incluem a escolha de mercadorias e sua exposição criativa em cada catálogo. A Red Rose envia atualmente 7,2 milhões de catálogos por ano. Esteve por três vezes na lista *INC* 500 das empresas privadas de crescimento mais rápido nos Estados Unidos.

Os Brutoco têm duas filhas na casa dos 20 anos e um garoto de 10 anos. Há dois anos, adotaram um órfão de nacionalidade russa (hoje com 8 anos) que veio diretamente de São Petersburgo. O processo de adoção, que levou sete meses, culminou numa reunião particular com Mikhail Gorbachev. Rinaldo é membro do conselho de diretores da Gorbachev Foundation/USA, uma fundação educacional sem fins lucrativos e apartidária criada em 1992 para discutir os desafios do mundo pós-Guerra Fria. A Foundation também canaliza fundos para instituições voltadas para a infância.

Nosso primeiro encontro com Rinaldo aconteceu em seu escritório na Red Rose, localizado num parque industrial no sul de San Francisco. No dia seguinte, estivemos com ele e a família no seu local de culto — a Unity Palo Alto Community Church — onde aconteceu a entrevista.

A formação legal e empresarial de Rinaldo, bem como seu espírito, pareciam harmonizar-se com o local que ele escolheu para atender as pessoas. O prêmio Nobel Albert Schweitzer disse certa vez: "No lugar da sua vida onde os seus talentos tomam conhecimento das necessidades do mundo, é aí que Deus quer que você esteja." Rinaldo e Shanna descobriram esse lugar.

David: Temos procurado talismãs, objetos simbólicos, peças artísticas que tenham um significado espiritual ou sagrado para serem usados em nossos cultos. Na cerimônia do "heart-to-heart", por exemplo, freqüentemente, fazemos passar entre as pessoas um coração inflável para nos lembrar de ouvir e de partilhar com todo o coração. O que você tem feito na Red Rose é coletar centenas desses objetos — roupas especiais, artefatos, livros, fitas magnéticas — para oferecer a milhões de pessoas.

Rinaldo: Sim, é exatamente essa a nossa intenção, e é por isso que nós a chamamos de "The collection". Quando começamos, dez anos atrás, nosso propósito era descobrir esse tipo de objetos. Primeiro demos a ela o nome de "Gifts of the heart". Como vocês, também estávamos interessados na ligação coração-a-coração, em vez de tentar propor alguma doutrina metafísica. Não víamos essa atividade como um emprego. Depois de vários anos, descobrimos que, para um grande número de pessoas, havia necessidade de uma experiência prévia, pois elas nem sequer estavam preparadas para abrir seu coração. Foi quando começamos a buscar a redescoberta da magia pessoal de cada um. Chegamos a comentar: "Puxa, como as pessoas farão isso? Se elas já aceitaram todas as grandes mentiras que a nossa sociedade tem propagado, o que podemos fazer para ajudá-las?"

Gay Lynn: O que você considera uma das grandes mentiras?

Rinaldo: A noção de que vivemos num mundo de escassez, quando na verdade vivemos num mundo de abundância. Ou-

A noção de que vivemos num mundo de escassez, quando na verdade vivemos num mundo de abundância. Outras grandes mentiras são a de que nascemos para a luta e para a dor; a de que vivemos isolados; a de que temos de competir uns com os outros; e a de que aquilo que eu faço para ganhar a vida é o que eu sou como pessoa. Outra ainda é a de que as informações que chegam até nós não têm o poder de nos influenciar — que ficar olhando interminavelmente para atos de violência não nos brutaliza.

tras grandes mentiras são a de que nascemos para a luta e para a dor; a de que vivemos isolados; a de que temos de competir uns com os outros; e a de que aquilo que eu faço para ganhar a vida é o que eu sou como pessoa. Outra ainda é a de que as informações que chegam até nós não têm o poder de nos influenciar — que ficar olhando interminavelmente para atos de violência não nos brutaliza.

E então cabia a pergunta: "Como soprar a pequena brasa do Espírito em cada pessoa e fazê-la brilhar, sabendo que estamos construindo o mundo em que vivemos? Como podemos ajudar as pessoas a se tornarem mais conscientes de seu poder pessoal?"

Poderíamos colocar um par de brincos com pingentes de lua e estrelas. Isso serviria de alguma coisa? Uma mulher que se olha no espelho e pressente que nela existe alguma coisa que é uma pequena parcela de energia cósmica... isso é estar na trilha certa; isso é soprar a brasa. A partir daí, temos outros recursos que podem apoiar as pessoas em explorações mais profundas desse primeiro deslumbramento.

David: Qual é a meta da sua empresa?

Rinaldo: Procuramos os lugares onde as pessoas buscam o lazer, e então deixamos que elas escolham o que melhor corresponda à intensidade de vida que desejam para si mesmas. Se elas querem estar realmente vivas, podem ler nossa revista *Catalist*,* e encontrar os fundamentos filosóficos, a idéia que está por trás dos nossos produtos. Talvez uns 20% dos nossos 400 mil clientes regulares façam isso. Mas tudo bem, pois o restante encontrará o próprio caminho para alimentar seu espírito. Naturalmente, não se pode esperar que uma revista atraia todo mundo, numa sociedade tão voltada para o visual, como a nossa.

Gay Lynn: O que você vê na fábula da "Galinha dos ovos de ouro"?

Rinaldo: Falando dos homens, em particular, tem havido uma busca tão vigorosa de desempenho que fomos impelidos a exigir mais resultados do que é prudente pedir à natureza. Resultados só podem surgir como resultado de um processo. Não havia ouro dentro da galinha. O que havia era um processo alquímico por meio do qual a forma de um ovo de ouro era criada e dada à luz.

Gay Lynn: A mãe reúne todos os elementos necessários para fabricar os ossos, os tecidos, os órgãos do bebê — assim como todos nós fazemos para construir a nós mesmos.

Rinaldo: Exatamente. Mas, em vez de respeitar essa maravilha em nós, fixamo-nos apenas nos resultados, na crença de que "quanto mais, melhor". Essa pressão que só tem em vista o resultado, e que os homens amiúde car-

* Como no original, em vez de *catalyst*, de modo a sugerir uma *lista* de catalisadores (N. T.).

regam consigo particularmente na sociedade ocidental, está matando nossa capacidade de deixar que as coisas aconteçam — de deixar que algo interior tenha importância e seja alimentado até irromper no tempo certo.

Ao mesmo tempo, quando observo a comunidade metafísica, eu me preocupo com o fato de que há um "vício no processo", que acaba assumindo o lugar dos "ovos de todos os dias".

Ao mesmo tempo, quando observo a comunidade metafísica, eu me preocupo com o fato de que há um "vício no processo", que acaba assumindo o lugar dos "ovos de todos os dias". Acho que essa é uma história que tem um duplo significado nos tempos modernos, e que se endereça àqueles de nós que se dão por felizes de ouvir a galinha cacarejar sem nunca produzir um ovo, e mesmo acreditam que levar uma bicadinha da galinha não é uma má idéia se houver um ovo no fim do processo. E um ovo por dia parece uma boa idéia!

David: Como ocorreu o nascimento da Red Rose?

Rinaldo: Começou a partir do livro *Um Curso de Milagres*. Minha mulher e sócia tirou algumas fotos de rosas. Nós as imprimimos como um presente para Judy Skutch, porque ela foi fundamental para o nascimento desse livro. Assim, usamos esta citação extraída do *Curso*: "Dentro de você está tudo o que é perfeito, prestes a se irradiar, através de você, para o mundo." E nós as emolduramos e as demos a Judy. Então Judy quis uma série delas para presentear seus amigos no Natal. Procuramos por toda parte as belas molduras que tínhamos comprado e não conseguimos encontrá-las; por isso, acabamos tendo de fazê-las nós mesmos. Sobraram algumas fotos montadas, que guardamos na garagem, e então resolvemos colocar um anúncio de venda, mencionando o preço.

Gay Lynn: Isso já é uma espécie de milagre.

Rinaldo: É verdade. Em seis meses, vendemos 25 mil dólares dessas fotos de rosas com versos impressos sobre elas. Acrescentamos algumas fitas e livros famosos, como o fantástico livro de negócios, *The Shamballa Warrior*. O negócio prosseguiu como uma indústria caseira instalada na garagem. Finalmente, tive de tomar uma decisão. Eu era um advogado envolvido em muitos projetos sem fins lucrativos e ligado a empresas comerciais. Estava ajudando Shanna com a Red Rose porque a amo e porque, a meu ver, o aspecto artístico, feminino do divino poderia vir à tona nesse projeto. Eu desempenhava apenas um papel de apoio, por isso, essa expressão criativa e feminina de Lalla Shanna conquistaria o mercado por si mesma.

Assim, meditamos a respeito disso durante algum tempo, e a mensagem que recebi foi que poderíamos fornecer o melhor atendimento ao provar, de maneira definitiva, que vender produtos como esses é um bom negócio. Esse foi o ponto máximo da minha carreira. Se pessoas como eu, com as minhas habilidades, resolvem vender apenas coisas que são enobrecedoras e estimulantes para outros seres humanos e para o planeta, e se resolvemos fazer isso com os melhores instrumentos comerciais que somos capazes de trazer para o grupo, então eu estou cumprindo plenamente o que planejei para a minha vida. E estamos *mesmo* comprometidos a prestar ótimos serviços. Por exemplo, não é minha responsabilidade criar o conteúdo, mas é minha responsabilidade servir, de modo que essa consciência feminina possa sair e atingir o mundo lá fora. Esse é, para mim, o maior desafio de minha vida de empresário. Se somos tão afortunados a ponto de conseguir criar um excedente — denominado lucro — isso pode despertar novas iniciativas. A princípio, as pessoas apenas nos copiariam para fazer dinheiro; mas se desejam ser bem-sucedidas, elas têm realmente de se interessar pelo que fazem. E então há uma boa possibilidade de que também venham a ser tocadas interiormente e encontrem um idealismo além do que é apenas material. Pelo menos, é o que espero.

David: Você e sua mulher ainda são sócios no trabalho?

Rinaldo: Lalla Shanna é quem conserva viva a chama. Concordei em ser presidente e diretor-executivo da empresa, com a condição de não escolher os produtos nem decidir como apresentá-los. Enquanto presidente, mantenho nossa operacionalidade. Certifico-me de que nossa impressora de nove metros de altura não esteja ociosa, que esteja sempre em ordem e pronta para publicar os sete milhões de catálogos e tudo o mais que imprimimos. Mas esta não é uma organização vertical. Eu ajudo as pessoas a fazer as coisas, a colocá-las no mercado e a manter os sistemas funcionando. E gosto disso. O que nos mantém juntos são valores essenciais. É isso o que está no comando, nós servimos a esses ideais. Eles proporcionam a verdadeira direção. Desse modo, quando precisamos tomar uma decisão, meditamos sobre esses ideais. Todos trabalham em equipe.

Gay Lynn: Que valores essenciais são esses?

Rinaldo: Os valores essenciais são evolutivos por natureza. Eu posso mencionar alguns; outros ainda estão emergindo. Os valores essenciais supremos são o amor, a compaixão, a verdade, a integridade, a empatia, a alegria — o que Aldous Huxley chamava de "sabedoria perene".

Quando tentamos registrar essas coisas pela primeira vez, apareceu uma declaração em nosso quadro de avisos. Tínhamos apenas sete funcionários e nenhum deles a colocara ali. Nunca descobrimos de onde ela veio.

Uma Mensagem

Ame e sirva a toda a humanidade.
  Ajude a todos.
Seja jovial. Seja cortês.
Seja um dínamo de felicidade irreprimível.
Veja Deus e o bem em cada rosto.
Não há santo sem passado.
Não há pecador sem futuro.

  Elogie a cada um.
Se não consegue elogiar alguém
Deixe que ele se afaste de sua vida.
  Seja original. Seja inventivo.
Ouse, ouse, e então ouse mais.
Não imite. Fique no seu lugar.
Não se apóie a uma bengala emprestada.
 Seja você mesmo.
Toda a perfeição e todas as virtudes da divindade
  estão escondidas dentro de você.
  Revele-as.
O Salvador também já está dentro de você.
  Revele-o.
Deixe que a sua graça o liberte.
Deixe que a sua vida seja a de uma rosa.
Embora silenciosa, ela fala a linguagem
  da fragrância...

ANÔNIMO

Rinaldo: Tudo bem. Mensagem recebida! Mas então tivemos nossa primeira discussão na empresa. Sobre o que era a discussão?

Gay Lynn: O Salvador é um "ele".

Rinaldo: Certo. Portanto, tivemos de refletir por um momento. Devemos usá-la, mudá-la, não usá-la? Decidimos prosseguir com ela sem alterar o texto, e aceitamos humildemente o que nos foi oferecido. Isso deixou de ser um problema. Estamos sustentando essa afirmação nos dias de hoje dizendo que o *ele* a respeito do qual estão falando não é alguém que tenha testosterona. É o lado *ele, masculino*, da nossa *feminilidade*, pois todos os valores e a própria rosa são *feminilidade*. Assim, imprimimos a mensagem e a enviamos às pessoas. É isso o que somos. É isso o que fazemos. É por isso que estamos aqui. O que está por trás dessa mensagem é: descubra qual é a tendência para este ano e coloque-a à venda.

David: Você vê isso como um empreendimento transformador?

Rinaldo: Esta talvez seja o primeiro *ashram*[*] *empresarial* do mundo: uma comunidade intencionalmente organizada em torno de princípios espirituais. Eu explico a cada um dos novos funcionários que ingressam na nossa comunidade que essa é a maneira como as coisas funcionam no estágio atual da história da humanidade: "Tudo o que você está pronto a enfrentar como a próxima etapa do seu crescimento vai atingi-lo exatamente aqui. A grande questão seguinte, e isso inclui a mim, está-lhe sendo proposta e implica uma escolha. Você quer chegar ao próximo nível de consciência, ou quer permanecer em um nível de dor que sabe ser suportável? Só há duas opções. E assim que passar para o nível seguinte, se o fizer, sua recompensa será o fato de que você vai passar por isso novamente, enquanto estiver nessa comunidade intencional."

> **Não há a menor dúvida. São as dores do parto. Você está dando à luz o seu novo eu. Portanto, depois que você passa pelo nascimento, com todos os traumas, tensões, opressões, contrações e tudo o mais que pode acontecer, você ressurge. Passa a existir esse novo ser. E se você for realmente bom, terá de crescer bem depressa e renascer inúmeras vezes.**

Gay Lynn: Isso soa como um trabalho de parto.

Rinaldo: Não há a menor dúvida. São as dores do parto. Você está dando à luz o seu novo eu. Portanto, depois que você passa pelo nascimento, com todos os traumas, tensões, opressões, contrações e tudo o

---

[*] *Ashram*, comunidade hindu na qual o guru vive com seus discípulos e toma decisões levando em conta a opinião destes últimos (N.T.).

mais que pode acontecer, você ressurge. Passa a existir esse novo ser. E se você for realmente bom, terá de crescer bem depressa e renascer inúmeras vezes. Se não quiser evoluir tão depressa, poderá ficar empacado no processo de nascimento ou permanecerá estéril por algum tempo. Mas isso não é problema. Vou lhe dizer uma coisa: cada vez que ultrapasso uma barreira, surgem muitas e muitas outras. É um trabalho árduo. Se tive um mau dia, preciso aceitá-lo como o *meu* dia e ver que alguma coisa está tentando se manifestar a mim. Meu desafio é entender o que eu preciso romper para poder renascer num próximo nível. Deus nos dá boas pistas!

David: Deus lhe deu boas pistas?

Rinaldo: Eu sei que estou no lugar certo e perfeito. Sou grato por ser capaz de usar meus talentos neste empreendimento alegre e fomentador de vida. Na verdade, todos os dias estou aprendendo novas lições.

Durante oito anos fomos a segunda empresa de vendas por catálogo de crescimento mais rápido nos Estados Unidos. Por algum tempo, perdemos nossa capacidade de mantê-la espiritualmente coesa, se quiser se expressar assim. Não que tenhamos feito algo inadequado, mas podíamos sentir que a energia espiritual não estava no comando. Graças ao sofrimento, à confusão e ao *stress*, aprendemos que só porque você pode fazer algo isso não significa que deva fazê-logo. Não seria saudável nem correto para nós tentar fazer mais que uma sábia ampliação. Aos 49 anos ainda estou aprendendo a estabelecer fronteiras saudáveis. E essa é uma grande lição.

Num perfil do empresário de visão, James E. Liebig descobriu que líderes conscientes, como os Brutoco, estão considerando viáveis estratégias para:

- *melhorar a justiça social;*
- *proteger o meio ambiente;*
- *fomentar a criatividade humana;*
- *servir a propósitos superiores, inclusive a valores espirituais, de serviço e comunitários;*
- *comportar-se eticamente;*
- *fornecer liderança transformadora.*

Merchants of Vision
de James E. Liebig (Berrett-Koehler Publishers, San Francisco, em co-edição com a World Business Academy)

REFLEXÕES DE DAVID

Você Não Pode Apressar a Mãe Natureza

Há uma ordem e um tempo certo para o parto, e temos de respeitá-los.

Quando eu era garoto, na década de 40, minha família morou numa fazenda no sul de Michigan durante o período em que meu pai teve de tirar uma licença prolongada de sua clínica por ter sofrido queimaduras de raios X. Na fazenda, tínhamos galinhas e ovos frescos todos os dias. De tempos em tempos, as galinhas sentavam-se sobre os ovos, chocando-os até que os pintinhos nascessem.

Eu ficava tão impaciente, tendo de esperar durante tanto tempo para que aqueles ovos brancos e marrons chocassem que, às vezes, eu ia até lá e por curiosidade os sacudia para ver o que estava acontecendo, se é que alguma coisa estava acontecendo. Certo dia, decidi quebrar um deles para ajudar o pintinho a sair, assim ele não teria de ficar lá por tanto tempo. Naturalmente, o que vi foi uma pequena ave semiformada que não pôde, por minha causa, concluir seu desenvolvimento natural.

Levei o ovo para casa e perguntei a minha mãe o que estava acontecendo. Ela explicou carinhosamente que eu tinha de ser paciente e dar tempo aos ovos. O tempo e o calor da galinha é que promoviam o desenvolvimento natural do embrião sob a superfície da casca. Quando o pintinho estivesse pronto, ele sairia da casca. Ela disse: "Você não pode apressar a Mãe Natureza. Ela sabe o que está fazendo."

> **Minha personalidade do Tipo A, em geral se impacienta e quer fazer com que as coisas aconteçam de imediato. Continuo a aprender essa lição importante sobre o tempo certo para cada coisa.**

Aprendi uma grande lição naquela tarde. Não posso dizer que sempre fiz a coisa certa ao esperar que a Mãe Natureza fizesse o trabalho necessário. Minha personalidade do Tipo A, em geral se impacienta e quer fazer com que as coisas aconteçam de imediato. Continuo a aprender essa lição importante sobre o tempo certo para cada coisa.

Gay Lynn e eu, com freqüência, ficamos maravilhados com o fato de não termos nos encontrado enquanto não chegou o momento certo. Morávamos na mesma cidade. Eu trabalhava no rádio, ela na TV. Éramos ambos entrevistadores. Ela dava aulas na minha igreja. Assistíamos às mesmas conferências, fazíamos compras na mesma loja de produtos naturais. Ambos éramos solteiros e tínhamos interesses, procuras espirituais e vocações muito semelhantes, e ainda por cima tínhamos amigos em comum.

Mas o tempo certo é um componente misterioso do processo vital que tem sua própria sabedoria. Gay Lynn e eu estávamos orando, desenvolvendo a nós mesmos, e às vezes nos questionando por que os relacionamentos com as pessoas com quem vínhamos saindo não estavam dando certo. Mais tarde, ficamos gratos pelo fato de essas ligações não terem resultado em um casamento precipitado com outra pessoa. Sentimos que estávamos predestinados um ao outro. Tivemos de ser pacientes e esperar pelo tempo certo e pela circunstância ideal de nosso encontro quando estivéssemos prontos. Se um de nós, ou ambos, tivesse se casado por pressão, solidão ou conveniência, e *então* tivéssemos nos encontrado, as possibilidades de nosso amor e de nossa parceria profissional provavelmente se perderiam. E você nunca leria o livro que tem agora entre as mãos.

Guardei com muito cuidado um poema de John Burroughs, notável naturalista, que sem dúvida aprendeu a esperar pacientemente enquanto observava plantas e animais e trabalhava com eles. Mostrei-o a muitas pessoas como parte de um aconselhamento espiritual. Ele me ajuda a me acalmar e a confiar no Universo para dar à luz o bem mais certo e mais elevado no tempo certo.

À Espera

Sereno, entrelaço os dedos e espero,
  Sem me importar com vento, maré ou mar;
Não me enfureço mais contra o tempo ou o destino,
  Pois, veja!, o que é meu a mim virá.

Interrompo a minha pressa, faço delongas,
  Pois de que serve essa marcha apressada?
Ergo-me em meio aos caminhos eternos,
  E o que é meu conhecerá o meu rosto.

Adormecido, desperto, de noite ou de dia,
  Os amigos que procuro procuram a mim;
Nenhum vento pode impelir meu barco para fora do caminho,
  Nem mudar a maré do destino.

O que importa se estou só?
  Espero com alegria os anos que virão;
Meu coração colherá onde foi semeado
  E armazenará seus frutos de lágrimas.

As águas conhecem o que é seu e dão nascimento
  Ao córrego que jorra de grande altura;
Assim flui o bem com lei igual
  Rumo à alma de puro deleite.

Noturnamente, as estrelas vêm ao céu
  E a onda de maré até o mar;
Nem tempo, nem espaço, nem profundeza, nem altura
  Podem afastar de mim o que é meu.

JOHN BURROUGHS

Amorosamente
sirvo à vida, e
a vida, amorosamente,
me abençoa
a cada dia.

Oakland, Califórnia

Charles Garfield: Performer de Pico e Transformador

Em 1974, David encontrou-se com Charles Garfield, o fundador do Projeto Shanti, organização que presta assistência a pacientes com câncer e a suas famílias, e oferece atendimento médico voluntário. Anos depois, Charlie deu uma palestra no Detroit Unity Temple. Suas realizações revelam seus muitos talentos. Campeão olímpico de levantamento de peso, o dr. Garfield atuou como psicólogo junto à NASA e foi professor na Escola de Medicina da Universidade da Califórnia. Ele é mais conhecido pela autoria dos livros *Peak Performance*, destinado a atletas, e *Peak Performers*, destinado a administradores de empresas. Seu livro mais recente, *Second to None*, aborda novos paradigmas para empresas que respeitam as pessoas e o meio ambiente.

Nosso encontro com Charlie se deu em sua casa no alto das colinas de Oakland, na Califórnia, onde mora com a mulher, Cindy. Fomos privilegiados por travar uma discussão profunda, e partilhamos aqui a sabedoria de um grande professor e uma grande alma.

Gay Lynn: Descreva o processo de parto da sua vida.

Charles: Para mim, ele sempre esteve relacionado com duas coisas: o que é viável para o eu e o que é funcional para o mundo. Viável para o eu — o eu profundo — equivale a uma expressão de quem eu sou, de uma maneira muito simples e satisfazendo uma importante necessidade pessoal, que é generalizada como uma necessidade para os outros e é funcional para o mundo.

Você vê as pessoas atirando-se de cabeça de várias maneiras. Algumas estão muito fascinadas com a psicologia profunda. Elas se voltarão para a terapia junguiana, se tornarão especialistas em todas as suas questões e ficarão fascinadas com o trabalho de Jung sobre os sonhos. Elas não *farão* nada. Na verdade, há uma chance de que aprendam mais sobre si mesmas, ou não.

Esperemos que sim. No entanto, mesmo que aprendam, elas nunca darão o passo seguinte, e talvez não queiram mesmo dá-lo. Não estou julgando ninguém. Estou simplesmente dizendo que elas nunca darão o passo seguinte, que é: "Em que isso me ajuda a fazer melhor uso da minha vida no mundo?"

David: Elas lêem muito e fazem pouco.

Charles: Você tem de mudar seus referenciais de interiores para exteriores. Então, como os budistas, leve-os para o mercado a fim de provar que funcionam, como a jornada do herói, que [Joseph] Campbell tornou tão popular. O elemento fundamental é o retorno do herói ao mundo. O herói atravessa a noite escura da alma, traz consigo a sabedoria e a põe para funcionar.

David: Às vezes, as pessoas podem ir trabalhar num lugar que é idealística ou espiritualmente orientado para estar nessa energia e imbuir-se dela. Mas isso não é o bastante. Não faz com que o trabalho seja realizado. Estamos aqui para servir e para ajudar, e temos de produzir, ou não seremos capazes de permanecer no mundo dos negócios.

Charles: A melhor expressão que já ouvi para isso foi a de Steve Jobs, quando ele ainda trabalhava na Apple. Ele fez o seguinte comentário: "Navio de artistas verdadeiros." Isto é, artistas verdadeiros levam seus produtos para o mundo. Você tem de ser capaz de integrar o artista, o imaginário do inconsciente profundo e a informação que provém desse imaginário com alguma expressão concreta no mundo.

> **A melhor expressão que já ouvi para isso foi a de Steve Jobs, quando ele ainda trabalhava na Apple. Ele fez o seguinte comentário: "Navio de artistas verdadeiros."**

Eis alguns exemplos que funcionam realmente bem para mim. Minha carreira parece um tanto misteriosa para as pessoas. Você pode pensar que sou um consultor empresarial, um orador ou escritor, o que seria perfeitamente razoável. Este é o Charlie Garfield que muitas pessoas conhecem e com o qual se identificam. Para falar a verdade, tenho de me esforçar para me identificar com o sujeito que escreveu esses livros empresariais. Tive umas seis carreiras diferentes, todas de grande projeção no mundo, e a de escritor/orador/consultor de *Performance de pico* foi a última delas. Neste momento, estou envolvido com uma nova carreira. Isso porque há uma realidade muito mais profunda e verdadeira, que independe dos lugares por *onde* andei.

David: Você está ciente do que fez, e fez bem, mas você é mais do que essas realizações.

Charles: Cresci numa família onde grandes realizações era o que se esperava de todos. Simplesmente estava no ar. Estava previsto. Ora, qual é a ligação entre essa influência prévia e um rapaz que cresce para estudar e escrever livros sobre *performance* de pico?

Gay Lynn: A marca já estava impressa!

Charles: E bem impressa. Isto é, não teve nada a ver com lances punitivos. Eu não estava trabalhando nenhuma ferida antiga por ter sido forçado a ser o melhor. Eu logo soube que podia fazer aquilo de que gostava, e que era a única maneira simples de iniciar uma busca por uma missão e por uma expressão pessoal. Confie na emoção! Confie nesse sentimento esmagador de amar aquilo que você está admirando. Não comece nada enquanto não tiver esse sentimento, porque não vai funcionar. Dê alguns passos. Descubra o que mais lhe dá prazer. Então, se você for realmente inteligente, e se tiver tempo e inclinação para isso, tente descobrir que influência psicológica e espiritual mais profunda está tentando nascer aí.

Gay Lynn: Extraímos forças da emoção criada pela união de nossas energias masculina e feminina para gerar uma nova vida para nós.

Charles: É isso mesmo! Há muitas maneiras de descrever essas energias. Jung, naturalmente, as chamava de *animus* e *anima*. Nós as distinguimos dando a uma delas o nome de masculina e à outra o de feminina. E dizemos ainda mais: que ser muito masculina é ótimo e ser muito feminina é ótimo também. Tempos atrás, ser muito masculina significava que seria melhor não ter nada de feminino. Ser feminina significava que seria melhor não ter nada de masculino.

Para entender como chegamos a essa rígida separação na nossa sociedade, você tem de retroceder a relações de poder e de dominação, com o poder masculino sobre o feminino, e não apenas sobre as mulheres, mas sobre o feminino neles mesmos, como homens no poder e no controle. A solução é a *integração* do masculino e do feminino e, antes de mais nada, na psique dos seres humanos.

Gay Lynn: Nós também acreditamos nisso piamente.

Charles: Eu hoje estou envolvido com um trabalho muito interessante. Mencionei uma nova mudança de carreira. Exatamente agora, estou realizando um trabalho com aidéticos e portadores do vírus da AIDS e terminando de escrever um livro sobre o assunto. Mantenho estreito contato com a comunidade *gay* de San Francisco. Fiz muitos amigos nessa comunidade, e tenho podido avaliar o que significa para essas pessoas terem uma integração diferente do masculino e do feminino. Tenho visto essa integração acontecer de muitas maneiras, que variam da rejeição do oposto a uma identificação com ele, o que também não é uma solução. Eu poderia lhe dizer que sou uma mulher, mas há muitas evidências que comprovariam que isso não é verdade. Da mesma forma, vejo rapazes *gays* buscando a mesma integração que busco, mas percorrendo o caminho oposto, de certa forma parecido com aquele pelo qual as mulheres estão tentando descobrir essa integração. Não pretendo classificar todos os rapazes *gays* num certo papel ou padrão psicológico, o que seria muito injusto. Há nesse grupo diferentes posições relativas à integração do feminino e do masculino, assim como entre os homens heterossexuais. De vez em quando eu me deparo com alguém que realmente fez um trabalho árduo para realizar a integração entre feminino e masculino, e vejo como essa integração pode ser gratificante. A pessoa se sente à vontade tanto com o lado da afirmação, ou lado mestre, como com o lado da comunhão, ou lado do relacionamento.

David: Então estamos fazendo progressos nessa integração?

Charles: Acho que, se quisermos sobreviver enquanto espécie — esta é uma frase que todos parecem utilizar para dizer alguma coisa séria, e não tenho nenhuma objeção a utilizá-la também — teremos de entender o que vem a ser essa integração. Viver como se estivéssemos ligados à Terra, ligados ao ecossistema, significa que temos de ultrapassar uma relação patriarcal de poder e de dominação com relação ao planeta Terra. A relação dos homens com a Terra implica a seguinte atitude: "Eu tenho poder, domínio, sobre você. Posso usar você para qualquer coisa que eu queira." Quando você desenvolve uma atitude mais feminina, começa a se sentir ligado a tudo o que existe e a tudo o que tem vida. Você não pode dizimar as florestas tropicais e todas as suas espécies, da mesma forma que não pode bater na sua mulher ou na sua mãe. Não faz sentido. Os princípios masculino e feminino estão intimamente associados, e essa associação é básica para a nossa sobrevivência nos dias de hoje. Ainda estamos tentando ter o controle sobre as coisas, o que pode ter sido necessário quando tínhamos de enfrentar predadores terríveis que nos atacavam por todos os lados.

A relação dos homens com a Terra implica a seguinte atitude: "Eu tenho poder, domínio, sobre você. Posso usar você para qualquer coisa que eu queira." Quando você desenvolve uma atitude mais feminina, começa a se sentir ligado a tudo o que existe e a tudo o que tem vida. Você não pode dizimar as florestas tropicais e todas as suas espécies, da mesma forma que não pode bater na sua mulher ou na sua mãe.

David: Um *Jurassic Park* para valer.

Charles: Exatamente. Mas hoje ainda estamos falando em *conquistar* espaço. Essa atitude é desastrosa para a nossa vida presente e futura, em termos de um relacionamento respeitoso para com a Terra e o universo.

Gay Lynn: Você tem sido o guru da *performance* de pico, ensinando as pessoas a se sobressaírem nos esportes e nos negócios. Agora você está nos religando com as outras pessoas e com a Terra. Acreditamos que não somente as parcerias interiores entre nossas naturezas feminina e masculina sejam importantes, como também o são as parcerias exteriores e a co-criação entre as pessoas. O que aconteceu na sua vida para fazê-lo tomar esse novo rumo? Como os relacionamentos o ajudaram?

Charles: É provável que, mais do que ninguém, sem considerar gente famosa, eu esteja ligado à realização individual. Na verdade, nunca me senti à vontade com isso, e então, finalmente, compreendi que eu estava promovendo essa situação. Sabia que alguma coisa estava errada. Eu sentia orgulho do que havia feito, mas havia algo que não estava sendo dito e que continuava me incomodando. Então, compreendi o que era — eu sucumbira, como uma porção de outras pessoas, a essa noção peculiarmente norte-americana (não exclusiva, mas definitivamente mais forte nos Estados Unidos) da individualidade crua, o chamado *self-made man* (homem que se fez por si mesmo). É maravilhoso! É ótimo! Eu gosto disso! Exceto que qualquer ativo distendido em demasia torna-se um passivo. Se você realmente pensa que faz isso sozinho, você está confundindo fonte e conduto. Eu tive de repensar muita coisa. Estou revendo todo o meu trabalho sobre realização plena, que vai até o meu livro *Second to None*, como a Fase Um. A Fase Dois é sobre colaboração, sobre interligação. Trata da integração do masculino com o feminino interiormente e, com certeza, no mundo também.

> **Estou revendo todo o meu trabalho sobre realização plena, que vai até o meu livro *Second to None*, como a Fase Um. A Fase Dois é sobre colaboração, sobre interligação. Trata da integração do masculino com o feminino interiormente e, com certeza, no mundo também.**

Esta é uma época oportuna para eu me indagar a respeito de relacionamentos na minha vida. Tenho de fazer a mim mesmo uma pergunta difícil — certamente muito difícil para o individualista que existe em mim: "O que seria preciso para que os relacionamentos fossem tão importantes quanto a missão pessoal?" Experimente perguntar isso a alguém que tenha atingido a realização plena! Mas faça isso de modo que ele realmente responda, e não apenas finja, pois todos nós, demônios de retórica, somos muito bons com as palavras.

David: Dizemos a nós mesmos e à pessoa que amamos: "É claro que você é importante. Você sabe que eu faria tudo por você. Eu sempre coloco as pessoas em primeiro lugar."

Charles: Certo!

David: Mas os treinadores, os motivadores do sucesso, os gerentes de vendas, os consultores do crescimento de igrejas nos dizem: "Você tem de se sacrificar para ser um vencedor, para ser o Número Um, para chegar ao topo, para atingir o nível mundial. Você não pode deixar nada nem ninguém atravessar o seu caminho. Você não tem tempo para desperdiçar, para tentar satisfazer as necessidades ou os compromissos de outras pessoas. Tire-as do seu caminho. Deixe que elas se afastem. Concentre toda a sua atenção no seu sucesso e na sua realização pessoal. Lute por isso!"

Charles: É isso mesmo! E quais são as conseqüências dessa mensagem? Os relacionamentos se tornam secundários. O relacionamento consigo mesmo torna-se secundário. Tudo o que não tenha relação com a missão que lhe foi confiada não interessa. Nós só vemos um aspecto do problema.

Estou orgulhoso do que tenho feito, e as pessoas que têm realizado grandes obras no mundo deveriam estar orgulhosas do que fazem. As pessoas que têm realizado grandes obras em sua vida também deveriam estar orgulhosas. Mas o modelo de realização pessoal é muito limitado. Qual seria o paradigma maior que sustentaria a realização e o progresso individuais, mas que reconhecesse a interligação de todos nós?

Está claro que é de interligação que as pessoas estão falando quando se referem a um "modelo sistêmico de vida". Há um modelo sistêmico de vida e um modelo mecânico de universo. Se o universo funciona como uma máquina, o que isso faz de mim? Uma peça mecânica. Portanto, estou tentando ser a melhor peça mecânica possível. Outros realizadores plenos como eu agem de maneira semelhante. Metas, planos, retificações. Ajuste-se a isso. Velocidade total. Desengrene-se. Reajuste-se. Recalibre. Planos para o sucesso. Números. *Scores*. Classificações. Computações. Contagens.

Está claro que é de interligação que as pessoas estão falando quando se referem a um "modelo sistêmico de vida". Há um modelo sistêmico de vida e um modelo mecânico de universo. Se o universo funciona como uma máquina, o que isso faz de mim? Uma peça mecânica.

David: E somos impulsionados ou pressionados pelos outros ou pelo sistema mecanicista em que estamos emaranhados.

Charles: Então, agora eu volto à pergunta que você me fez a respeito do relacionamento na vida. Como alguém aprende o que precisa aprender se o aprendizado essencial é sobre colaboração e interdependência nos relacionamentos?

David: E onde aprendemos isso?

Charles: A primeiríssima coisa é ter acesso interior ao assunto. Se eu chegar e disser: eu agora sou uma pessoa pronta para ter um relacionamento, isso será apenas um projeto — o que não faz sentido. Não se pode chegar a uma coisa partindo de outra completamente diferente. Eu preciso ter acesso a uma sensibilidade de colaboração com o meu eu profundo. Meu primeiro relacionamento é comigo mesmo, interiormente. Quem é esse homem? Eu gosto dele? O que eu não gosto nele?

Essa exploração de mim mesmo tem sido fascinante. Eu estou fazendo parecer que tudo aconteceu depois do meu trabalho sobre a plena realização individual. Encontrar a realização é algo necessário, mas não é suficiente. Na verdade, muito dela sempre esteve presente, eu é que simplesmente não via os relacionamentos interior e exterior como essenciais.

O Projeto Shanti — que se propunha a realizar um trabalho sobre o câncer e acabou se tornando a primeira organização a oferecer assistência a pacientes portadores do vírus da AIDS em todo o país — dedicava-se totalmente a relacionamentos. Sinto mais orgulho dele do que de qualquer outro trabalho que eu tenha feito. Quando olho para trás, para a época em que me sentia mais gratificado e feliz, pergunto a mim mesmo: O que havia então que fazia com que eu me sentisse tão bem? Muitas dessas ocasiões eram, reconhecidamente, resultado de uma realização, mas todas elas envolviam a comemoração com mais alguém. Ou uma avaliação do seu impacto sobre as pessoas. Nunca tive uma imagem de mim mesmo ficando rico de repente com o mercado de ações devido a um bom investimento e saindo carregado de dinheiro. Nunca tive sequer a imagem de um campeão olímpico no pódio, embora tenha tido alguma experiência desse tipo. Eu sempre quis descer do pódio e levar o prêmio a alguém que pudesse falar a respeito dele. E então eu estaria mostrando que eles podiam fazer a mesma coisa. Essa função de professor sempre tentou sobressair em mim quando eu competia no levantamento de peso.

David: O pico não é apenas algo a ser atingido por você ou por mim, agora, mas algo a ser conquistado conjuntamente e partilhado.

Charles: Hoje, que a procura por colaboração, a dimensão feminina — chame isso de aspecto comum — deslocou-se para o centro do palco, vejo-me envolvido em vários círculos. A um deles dedico todas as noites de quinta-feira, reunindo-me com um grupo de voluntários que oferecem assistência a vítimas da AIDS. Nessas reuniões, encontro parte do material mais extraordinário que já conheci na minha vida. O tempo todo lidamos com pessoas que estão às voltas com questões de vida ou morte. Damos uma parada uma vez por semana para perguntar: "Como é que você vai indo?" Puxa, as coisas que ouvimos são inacreditáveis. "Como posso fazer melhor uso do pouco tempo que me resta?", "Quem sou eu na verdade?" Ali estão todo tipo de visão de mundo e de buscas existenciais e espirituais que são básicas nessas situações de vida ou morte.

David: Sua vida tomou um rumo muito diferente. Lembro-me de você, certa noite, apressado para apanhar um avião de Washington a Detroit, onde iria dar uma palestra. Você vivia a toda a velocidade na década de 80.

Charles: Eu tinha uma programação de palestras que teria matado um touro — 120 palestras por ano durante 12 anos. Além disso, trabalhava como consultor junto a empresas e lecionava na Escola de Medicina da Universidade da Califórnia. [Stephen] Covey e eu começamos a editar o boletim de notícias *Executive Excellence* no início da década de 80. Eu estava lá fora criando, dando palestras, trabalhando. Hoje estou aqui, neste lindo lugar. Passo todo o tempo com minha mulher, Cindy, e com nossos amigos. Alguém me disse recentemente: "Charlie, você parece um aposentado!" "Não", respondeu um amigo, "ele está vivendo uma vida contemplativa." Fico com a segunda opinião, mas eu não sei até que ponto minha vida é contemplativa. O que me faz sentir bem hoje em dia — como dar palestras o fazia naquele tempo — é estar perto de pequenos grupos de pessoas. Chame a isso de círculos ou de *tête-à-tête* — onde as emoções não são as do triunfo mas as da comunhão.

David: Isso é uma mudança e tanto.

Charles: Há um elemento transformador para cada um de nós. E, como eu a vejo, a mudança que está acontecendo comigo é o desenvolvimento de aspectos anteriormente subdesenvolvidos. Eles estavam aí o tempo todo. O rapaz que fundou o Projeto Shanti para que pessoas pudessem cuidar de outras pessoas, dificilmente poderia ser considerado o mais típico e ferrenho dos individualistas. Esse rapaz, que é muito bom em orquestrar realizações notáveis, que outras pessoas, bem como ele mesmo, acham admiráveis — ainda está vivo, e é uma pessoa bastante acessível. Mas hoje ele está a serviço de algo mais, algo que é muito maior — e que se poderia chamar de feminino, comunidade.

Gay Lynn: O que é essa comunidade?

Charles: Comunidade para mim significa uma profunda ligação de alma com outras pessoas e com tudo o que vive.

Gay Lynn: Você sente que existe uma profunda solidão entre as pessoas?

Charles: Ah! Isso é trágico. Somos essencialmente nômades. Somos tribos de uma só pessoa. Somos nichos mercadológicos de uma só pessoa. Sozinhos no

Ah! Isso é trágico. Somos essencialmente nômades. Somos tribos de uma só pessoa. Somos nichos mercadológicos de uma só pessoa. Sozinhos no mundo, fingimos ter relacionamentos. E quando temos um que apresenta profundidade, dizemos que se trata de uma experiência de pico, pois não sabemos que isso deveria ser o normal.

mundo, fingimos ter relacionamentos. E quando temos um que apresenta profundidade, dizemos que se trata de uma experiência de pico, pois não sabemos que isso deveria ser o normal.

David: Jung dizia que a segunda metade da vida não é vivida da mesma maneira que a primeira. Com freqüência, é uma comunhão mais interior, contemplativa, cheia de alma, valorizadora, e não uma conquista.

Charles: Apesar disso, sempre estive ciente das origens interiores. Muitos dos realizadores que encontrei e que estudei não sentiam que houvesse, em absoluto, qualquer origem interior nas escolhas que haviam feito. Eles pensavam que tudo tinha sido escolhido levando-se em conta o que é funcional no mundo. Eu sabia que não poderia nada de que não gostasse profundamente. Eu sabia que estaria perdido se me lançasse a fazer algo por ser prático. Acho que não estou exagerando se disser que sou praticamente incapaz de seguir algo a menos que haja aí uma grande dose de emoção. Outras pessoas parecem capazes de se converter em máquinas para começar a funcionar.

Gay Lynn: Para você, a vida sempre foi vivida de dentro para fora?

Charles: Eu sempre estive ciente de um lugar interior, de necessidades mais profundas sendo satisfeitas. Passei um longo período de minha vida na região de Bay, entre os 20 e os 30 anos, quando essa região estava muito sintonizada com assuntos espirituais, e eu também.

A afirmação de Jung no que se refere à evolução da psique profunda pode ser interpretada erroneamente se você entender que primeiro você faz uma coisa e, depois, outra. Acredito que as coisas sejam simultâneas. Durante todo o tempo, você está fazendo as duas coisas. A "realização social vem antes na vida"; isso não significa que a busca espiritual venha depois. O segundo plano, o plano de fundo, pode se tornar o primeiro plano a partir da meia-idade. Uma vez que você esteja ciente do que se trata, você tem uma escolha. É fácil dizer: "Vou deixar de lado a realização plena, o estabelecimento de metas, a *performance* superior na vida exterior, e me preocupar com relacionamentos, comunhão, vida compartilhada." Mas tente fazer isso a qualquer hora, especialmente para um homem da nossa sociedade!

Gay Lynn: Identifique alguns passos para ajudar a promover esse novo nascimento.

Charles: Reconhecer que as épocas mais felizes que você viveu no passado foram precisamente os momentos em que você partilhou algo de si mesmo e estabeleceu ligações de maneira significativa. Você não está partindo do zero. Você teve, historicamente, experiências que foram manifestações da dimensão feminina. Não tenha medo da palavra "feminino", achando que pode conotar fraqueza, inferioridade, não ser um homem completo. O aspecto feminino da sua natureza, quando desenvolvido, lhe permitirá uma realização muito maior do que você jamais conseguiu, até mesmo em comparação a suas realizações individuais mais bem-sucedidas. Não pense que isso significa abandonar sua capacidade de ser útil, parte do mundo. Pode significar que você vai escolher diferentes arenas nas quais expressará a si mesmo e utilizará formas diferentes de expressão.

David: Vi um homem, outro dia, que usava uma camiseta com os dizeres: "O trabalho em equipe funciona."

Charles: Entenda, esse pode ser o nível mais profundo do relacionamento: permitir o aparecimento da parte feminina em nós mesmos, que vai gerar uma comunhão com os outros e com tudo o que tem vida. E essa comunhão faz com que o o mundo funcione realmente melhor. Alinhar-se com esse princípio é harmonizar-se com a maneira como as coisas realmente são. Se fizermos isso, sobreviveremos e floresceremos, porque você, e outros como você, trabalham juntos.

A vida é sinergística. Fingir que a vida é individualista e compartimentalizada é suicídio. Você não pode apanhar um botão de rosa, arrancar todas as suas pétalas e dizer: "Desabroche, seu inútil! Eu não tenho tempo para ficar esperando!" A rosa tem sua lógica interior, pois faz parte de um ecossistema.

David: A vida é sinergística — uma síntese de energias.

Charles: Sim! A vida é sinergística. Fingir que ela é individualista e compartimentalizada é suicídio. Você não pode apanhar um botão de rosa, arrancar todas as suas pétalas e dizer: "Desabroche, seu inútil! Eu não tenho tempo para ficar esperando!" A rosa tem sua lógica interior, pois faz parte de um ecossistema.

David: Somos parte de uma ordem divina. Esse milagre de crescimento e de parto é descrito na fábula de Esopo "A galinha dos ovos de ouro". O que essa fábula diz a você?

Charles: É uma fábula para o nosso tempo. É o que acontece nas florestas tropicais. É a abordagem de muitas empresas. É a afirmação de um mundo entregue a um frenesi assassino. É ver as coisas apenas como causa e efeito, e não reconhecer que existe um contexto mais amplo. Quais são as implicações de suas ações, de uma maneira mais contextual? O que acontece quando atuamos de maneira unilateral e não colaborativamente?

Talvez precisemos estabelecer uma relação com a galinha, atingir a consciência da galinha para descobrir o que está se passando. Tratava-se de um processo orgânico, e não de um processo mecânico. [O homem ganancioso] pensou que houvesse ouro no interior da galinha e que ela fosse uma máquina de parto que o tornava oval. Mas se você pensar a partir de um modelo sistêmico vivo, mais orgânico, então poderá entender a gestação, a evolução e o tempo certo das coisas.

Você pode sentir pena do homem ganancioso porque ele vê a si mesmo em oposição a tudo o mais. De um lado está o homem, do outro, tudo o mais. Ele está tentando vencer. Não entende que está intimamente ligado àquilo com o qual está competindo. Ele não obtém o que deseja. Mata o que pode sustentá-lo, enriquecê-lo e fazer bem para muitas pessoas.

Gay Lynn: Como podemos levar esse relacionamento ao processo orgânico no qual somos parte daquilo que gera ovos de ouro em nossas vidas?

Charles: Isso será natural quando nascer uma nova consciência. Será o novo senso comum. Não teremos de perguntar: "Como vamos conseguir isso?" A pergunta é: "Como os seres humanos sentem a si mesmos como interligados?" É aí que temos de realizar nosso trabalho individual. Eu estou tentando realizá-lo.

Leia os livros de sabedoria, e não apenas as obras esotéricas e místicas. Está lá. Leia as palavras dos sábios. "A fórmula para o desespero é viver uma vida que não se traduz em serviço para outras pessoas." Faça uma retrospectiva de sua vida à época em que você se sentia mais gratificado. Você estará olhando para um contexto que envolvia a interdependência nos relacionamentos.

Tudo isso tem a ver com a evolução da consciência humana, levando em consideração aspectos de si mesmo que antes eram vistos como subservientes. Deixe esses aspectos virem à tona e desfrute deles. Deixe que o feminino se manifeste mais plenamente, e ocupe o centro do palco.

David: Devemos dedicar o mesmo empenho, tempo, dinheiro, esforço e estabelecimento de metas no desenvolvimento dessa vida contextual, como os dedicamos — ou costumávamos dedicar — no modo de vida do tipo "vá em frente", egoísta, "vencedor"?

Charles: A maioria das pessoas vive fazendo cursos. Elas também lêem livros. Mas é como tentar empurrar um navio de guerra. Isso exige um nível diferente de compromisso. Exige o mesmo nível que você assume numa estratégia mais positiva, de realização, em relação ao velho paradigma. Eu tenho muito respeito pela grandiosidade da tarefa, pois na verdade estamos falando sobre uma tarefa evolutiva que é multigeracional. Trata-se de uma emergência, e é necessário que realizemos essa tarefa o mais rápido possível.

David: É uma crise que é uma oportunidade.

Charles: Uma última coisa: trabalhando com um grande número de pessoas à beira da morte, uma das coisas que você vê são pessoas que evoluem mais rapidamente devido às conseqüências catastróficas daquilo que estão enfrentando. Isso é muito dramático no caso de crianças cujas doenças lhes ameaçam a vida. Elas se tornam pequenos adultos. Além disso, ficamos perplexos com a sabedoria de pessoas de 20, 30 anos que estão morrendo de AIDS. Em geral, apenas perguntamos: "Com tudo isso que está acontecendo na sua vida, como você vê o mundo hoje?" Esses são os melhores professores que já tive! Eles mudaram diante da catástrofe.

Desse modo, devido ao perigo global e à catástrofe, temos de fazer a mudança. E não apenas devido às implicações catastróficas, mas também devido às suas recompensas "benestróficas". Todos conhecem as conseqüências negativas, mas quais são as conseqüências benéficas de passarmos a valorizar a nós mesmos, às outras pessoas e à Terra?

Desse modo, devido ao perigo global e à catástrofe, temos de fazer a mudança. E não apenas devido às implicações catastróficas, mas também devido às suas recompensas "benestróficas". Todos conhecem as conseqüências negativas, mas quais são as conseqüências benéficas de passarmos a valorizar a nós mesmos, às outras pessoas e à Terra?

São gente como vocês que tentam articular isso para nós. Criem uma história. Contem-me parábolas. Façam filmes. Escrevam poemas. Quanto mais fizermos coletivamente, mais nos alinharemos atrás de uma visão coerente. E maior será a probabilidade de demonstrarmos isso.

Isso vai também acontecer por intermédio das histórias. Quando as histórias que estamos contando uns aos outros são histórias de comunhão, de colaboração e de ligação, e quando essas histórias se tornarem o novo senso comum, então estaremos no caminho certo.

Sobre o Trabalho

No entanto eu lhe digo: ao trabalhar, você realiza uma parte do sonho mais avançado da Terra, atribuída a você quando esse sonho nasceu.

E, ao se manter através do trabalho, você na verdade está amando a vida.
E amar a vida por meio do trabalho é ser íntimo do mais íntimo segredo da vida.

O PROFETA
POR KAHLIL GIBRAN

5

A Descoberta da Alma nos Relacionamentos

REFLEXÕES DE DAVID

A Descoberta da Alma nos Relacionamentos

Uma interpretação tradicional da história de Adão e Eva no Gênesis considera Eva como auxiliar de Adão (Gênesis 2:18: "Farei para ele uma auxiliar como companheira.") As cerimônias de casamento tradicionais e patriarcais com freqüência designam o marido como o cabeça do casal e a esposa como sua auxiliar ou serva. O ritual do pai entregando a filha para o novo senhor da casa expressa essa relação servo/propriedade. A filha-serva é oferecida agora a um novo mestre como esposa-serva.

Quando oficiamos em casamentos, interpretamos as relações de ajuda de maneira totalmente diferente. Tanto o marido como a mulher são ajudantes um do outro. Cada um deles ajuda e dá apoio ao outro para que este encontre e ofereça a expressão mais plena de sua divindade inata. Eis uma razão pela qual foram mutuamente atraídos; para aprender e crescer juntos em maturidade espiritual, dando o melhor de si mesmos para o outro e para o mundo.

Ao longo dos anos, em milhares de casamentos e em reuniões de aconselhamento de casais, temos visto o que é comumente chamado de "atração de alma". Uma atração assim por outra pessoa é uma afinidade que vai além da partilha mútua de interesses. Ela se estende a um nível profundo de querer vivenciar com essa pessoa algumas lições de alma.

Com freqüência temos constatado que a alma necessita de equilíbrio em si mesma, e procura o relacionamento como um meio de realizar esse equilíbrio. Descobrir o equilíbrio interior através de um relacionamento de amor pode ser uma experiência tão excitante como desafiadora.

Muitas vezes, as pequenas características do nosso companheiro que mais nos aborrecem são exatamente aquelas que podem estar faltando em nós ou que temos necessidade de superar. Projetamos essa qualidade, ou defeito, no outro, ao mesmo tempo querendo para nós e sendo perturbados por essa qualidade presente nele. Nosso companheiro espelha nossa própria alma.

> **Muitas vezes, as pequenas características do nosso companheiro que mais nos aborrecem são exatamente aquelas que podem estar faltando em nós ou que temos necessidade de superar. Projetamos essa qualidade, ou defeito, no outro, ao mesmo tempo querendo para nós e sendo perturbados por essa qualidade presente nele. Nosso companheiro espelha nossa própria alma.**

As qualidades mais cativantes são as que fazem parte da nossa tentativa de abraçar o divino em nós mesmos. Nossa alma é atraída ou deseja uma qualidade ou capacidade que a pessoa amada possui. Mas, com freqüência, podemos resistir a essa característica pela qual somos atraídos e isso poderá, com o tempo, nos aborrecer.

Um homem certa vez foi atraído para uma mulher muito independente e extrovertida, porque ele não o era. Ele precisava inflamar-se intensamente e ser mais livre em sua vida, brincar e ser mais espontâneo. A qualidade que ele a princípio mais apreciava nela acabou provocando o fim do relacionamento porque, em última análise, aborrecia-o o fato de ela nunca se empenhar na vida de maneira prática e significativa. No entanto, sua alma aprendeu muito com o relacionamento; ele se tornou mais livre e mais alegre no convívio com outras pessoas. O relacionamento serviu para lhe dar uma valiosa lição de alma.

Nem todas as parcerias de alma são relacionamentos duradouros. Pessoas podem entrar em nossa vida e seguir adiante, preparando-nos para o verdadeiro parceiro de nossa alma, que pode resultar num relacionamento mais longo, mais equilibrado e de maior compromisso. Em todos os nossos relacionamentos, precisamos perguntar a nós mesmos: "Que lições de alma e de vida essa pessoa pode me dar? Que qualidades ou características dela mais me atraem? Essas qualidades ou características são aquelas que preciso desenvolver para aprofundar minha própria vida?"

Fizemos essa pergunta a casais que recebiam aconselhamento pré-matrimonial: "Por que vocês estão se casando?" As pessoas geralmente respondem dizendo, às vezes de maneira um tanto indignada: "Porque nos amamos!" À medida que ocorrem os altos e baixos do relacionamento, é preciso que ocorra também uma procura mais profunda de almas.

Afirmamos na cerimônia do casamento: "Que vocês continuem a se comunicar um com o outro tão direta e honestamente quanto puderem, partilhando sempre, com o propósito de aumentar a compreensão e o crescimento através das experiências do dia-a-dia. Não deixem seu relacionamento se deteriorar por pequenas preocupações externas e conversas vazias. Falem de sentimentos, necessidades, valores, metas e desejos de seu coração. Que vocês tenham sempre um relacionamento de alma. Escutem um ao outro. Deixem cada um saber o que está acontecendo com o outro de maneira que possa ser ajudado ou compreendido." Nossa tarefa é ajudar cada um a unir as energias do Divino Feminino e do Divino Masculino dentro de si para dar à luz o amor e o potencial do nosso Deus.

Eu era o ministro sênior de uma grande igreja no centro de Detroit quando encontrei-me com Gay Lynn em 1985. Nossos votos de casamento, confirmados diante de centenas de pessoas — nossas famílias, amigos e toda a congregação — incluíam um compromisso de servir a Deus e a nossa comunidade espiritual. Gay Lynn trabalhou comigo na igreja durante anos — dando-me apoio e assistência, consertando cercas, orientando, estudando, ensinando, orando, aconselhando, visitando, planejando, coordenando, escrevendo, fazendo relações públicas para me ajudar a realizar meu chamado para o ministério. Ela ajudou a fazer nascer nosso ministério para milhares de pessoas a cada semana.

Nesse mesmo espírito de cooperação e de compromisso, assumi a responsabilidade por quase todo o trabalho e atividades domésticas, enquanto Gay Lynn fazia seu mestrado em psicologia clínica e humanística. Eu sabia o valor desse mestrado para Gay Lynn e fui contagiado pelo seu crescimento à medida que ela assumia esse desafio na sua educação. A ampliação do seu horizonte em termos de cultura estimulou um novo nível de partilha e de profundidade no nosso relacionamento. Partilhamos a alegria de discutir novos tópicos e de fazer novas amizades. A expansão do âmbito de aprendizagem para Gay Lynn manteve saudável e vivo nosso relacionamento. Eu estava bastante seguro de mim mesmo para encorajar Gay Lynn na realização de um dos objetivos de sua vida, sem me sentir abandonado ou deixado de lado.

Depois de concluir seu mestrado no Centro de Estudos Humanísticos, em Detroit, e de defender sua tese a respeito de ritual e de transformação, Gay começou a escrever o nosso primeiro livro. Ela estava ajudando na cerimônia especial realizada no primeiro domingo do Ano Novo, chamada de Cerimônia White Stone. A cerimônia requer o uso de uma pedra branca não esmaltada para representar a passagem bíblica de Apocalipse 2:17, que fala sobre receber um novo nome na pedra limpa para uma nova experiência de vida.

Duas palavras foram escritas na pedra branca de Gay Lynn — "autor publicado" — como uma revelação do que se realizaria.

Essa mensagem indicava claramente o caminho a tomar. A princípio Gay Lynn não estava consciente do que isso significava ou de como empreender a tarefa de realizar essa obra de vida, e por isso começou a meditar e a escrever. Procurei apoiá-la, ajudei-a a escrever, tornei-me seu editor e me apresentei com ela a uma boa editora, que se interessou em publicar o

> **Ajudei Gay Lynn a dar à luz aquilo que a estava chamando. Concebido com amor, o livro veio ao mundo como o primeiro de muitos frutos. Esse projeto inaugurou o trabalho de uma vida, para servir e atingir milhares de pessoas, tocando vidas no mundo inteiro.**

livro. Ajudei Gay Lynn a dar à luz aquilo que a estava chamando. Concebido com amor, o livro veio ao mundo como o primeiro de muitos frutos. Esse projeto inaugurou o trabalho de uma vida, para servir e atingir milhares de pessoas, tocando vidas no mundo inteiro.

A Ajuda Mútua para Dar à Luz

Que as perguntas seguintes sejam uma abertura para todos nós que buscamos cooperar conscientemente com o processo de parto. Responda-as para si mesmo e partilhe-as com seu parceiro.

Será que a vida está me chamando para dar à luz alguma coisa?
O que deseja crescer em mim e desabrochar?
Que dádivas de Deus em mim estão para nascer no mundo?
Como posso deixar esse parto divino acontecer?
Como podem meu companheiro, minha família, meus amigos e colegas de trabalho ajudar como parteiros espirituais, apoiando-me no meu parto?
Como posso ajudar meu companheiro, filhos, pais, amigos, colegas de trabalho, camaradas, associados, alunos, congregação, pacientes, clientes, fregueses, vizinhos, comunidade e humanidade a dar à luz seus tesouros ou ovos de ouro?

Nascimentos Múltiplos?

Procurem meios de respeitar e de apoiar entusiasticamente um ao outro. Às vezes, o foco do apoio pode recair mais sobre um dos companheiros que sobre o outro. Encarem esse fato como um processo de vida, cada um dando à luz de acordo com a própria natureza e no momento certo. Alguns nascimentos podem ser simultâneos, como o nascimento de gêmeos. Lembre-se do cuidado e da energia extras requeridos para cuidar de mais de um nascimento de uma vez. A sua vida pode se consumir nesses projetos. Vocês dois estão dando à luz? Estão partilhando um nascimento? Estão obtendo nascimentos múltiplos?

> **O instinto materno em todos nós às vezes fantasia a respeito de cuidar de todos os novos bebês e de suprir suas necessidades. Essa concepção errônea pode acabar nos deixando fisicamente esgotados, emocionalmente estressados, com sérias repercussões em nossas relações familiares.**

Nascimentos múltiplos exigem uma quantidade concentrada de energia. Um dos bebês pode estar dormindo tranqüilamente, enquanto o outro chora para ser alimentado. Nesse cenário, há pouco tempo para o repouso e o lazer dos pais. Muitos nascimentos simultâneos poderão ocorrer, exigindo nosso tempo e atenção. O instinto materno em todos nós às vezes fantasia a respeito de cuidar de todos os novos bebês e de suprir suas necessidades. Essa concepção errônea pode acabar nos deixando fisicamente esgotados, emocionalmente estressados, com sérias repercussões em nossas relações familiares. Sejam claros e seletivos com relação àquilo que vocês se comprometem a dar à luz. Que a *gravidez* seja tanto quanto possível planejada, ou que pelo menos se reserve o tempo e a vitalidade adequados para que se possa viabilizar ao máximo esses nascimentos.

Quando um nascimento é bem-vindo e recebe apoio caloroso por parte da família e da comunidade que o cerca, suas possibilidades de florescimento são maiores. Sejamos colaboradores um do outro vivendo na união e no amor Divino a cada dia.

Não

se apresse e não

se atrase —

Qual é o próximo

passo? Qual é

o próximo passo?

Angeles Arrien

Sausalito, Califórnia

A Magnética e Dinâmica Angeles Arrien

Angeles Arrien é antropóloga cultural, renomada conferencista e autora de um trabalho de pesquisa sobre os quatro comportamentos aditivos universais. Ela demonstrou, no seu livro, que a mudança pode ser manipulada criativamente trabalhando-se com oito crenças universais que sustentam a saúde e o bem-estar em todas as culturas. Falamos com Angeles a respeito do Feminino Divino e do Masculino Divino e de como eles operam em nossas vidas.

O barco que serve de moradia a Angeles está ancorado num pequeno porto, numa bela baía que fica no lado oposto da cidade de San Francisco. Relaxamos junto à lareira numa aconchegante sala de estar, que se abria para as águas ensolaradas da baía.

Gay Lynn: Com que se parece o Feminino Divino? Como ele opera em nossas vidas e como você descreveria nosso relacionamento com essa parte de nós mesmos?

Angeles: Eu gosto de pensar sobre o Feminino Divino como a força magnética que há em cada ser humano, seja ele homem ou mulher. A força do magnetismo é a capacidade para reter, atrair, abrir, receber e aprofundar nossa experiência de vida. Precisamos ser conscientes daquilo que atraímos para nós, daquilo a que nos abrimos, e perguntar a nós mesmos: "Até que ponto somos abertos e receptivos à vida?" O magnetismo é aquela força dentro de nós que exige que integremos e aprofundemos nossa experiência.

O magnetismo não depende do sexo; é uma experiência universal, humana. A espiritualidade é uma experiência do ser humano. Com o masculino e

Eu gosto de pensar sobre o Feminino Divino como a força magnética que há em cada ser humano, seja ele homem ou mulher. A força do magnetismo é a capacidade para reter, atrair, abrir, receber e aprofundar nossa experiência de vida. Precisamos ser conscientes daquilo que atraímos para nós, daquilo a que nos abrimos, e perguntar a nós mesmos: "Até que ponto somos abertos e receptivos à vida?"

o feminino lidamos com duas forças: o magnetismo, que acabei de descrever, e o dinamismo, que é o oposto dele.

O dinamismo é a capacidade de expandir, criar, fazer com que as coisas se manifestem. As mulheres que dão à luz fisicamente estão vivenciando a energia dinâmica. O parto não é um processo receptivo — a inseminação, sim, é receptiva, mas o parto em si é dinâmico. A energia dinâmica é necessária para dar forma às coisas, enquanto que a capacidade para aprofundar e integrar são, com toda a certeza, resultado da energia magnética.

Desse modo, não posso aprofundar ou integrar o que quer que seja até que me decida a diminuir a marcha, abrir-me e receber a experiência, a pessoa ou a situação. Sinto que estar consciente a respeito da energia feminina interior é estar ciente do que precisa ser integrado, aprofundado e sintetizado em minha natureza.

Prefiro usar as palavras magnético e dinâmico porque não se trata de questões de sexo. Sinto que é uma questão espiritual. Somos a única cultura que separa com tamanha intensidade o masculino do feminino. As forças magnéticas e dinâmicas são energias espirituais transformadoras.

Prefiro usar as palavras magnético e dinâmico porque não se trata de questões de sexo. Sinto que é uma questão espiritual. Somos a única cultura que separa com tamanha intensidade o masculino do feminino. As forças magnéticas e dinâmicas são energias espirituais transformadoras.

David: Tendemos a falar sobre essas energias ou a atribuir a elas o "masculino" e o "feminino"...

Angeles: O que tem muito da natureza do *logos*. Não é resultado de *eros* a tarefa de atribuição, que usa nossa função dinâmica. O *logos* é nossa natureza de sabedoria, que objetiva as coisas ou as coloca em categorias. O *eros* é energia magnética, muito mais abrangente e sintetizadora. Desse modo, a partir de um ponto de vista de cruzamento cultural, certas coisas são, literalmente, classificadas como dinâmicas e magnéticas. Elas podem ser colocadas em quatro categorias:

Energias Dinâmicas:

1. As palavras, e possivelmente o comunicar-se bem, provêm do dinamismo e exigem que você chegue e fale.
2. A liderança exige que você se mostre; isso é dinamismo.
3. A capacidade de produzir ou de se manifestar é energia dinâmica.
4. A capacidade de atribuir significado ou importância é energia dinâmica.

Energias Magnéticas:

1. Prestar atenção ao ritual, à cerimônia ou à tradição é magnético.
2. Confiar na nossa visão, nas nossas relações interiores e na nossa intuição é magnético.
3. Nossa capacidade de organizar e de sistematizar as coisas é magnética.
4. Nossa capacidade de nutrir e sentir é magnética.

Homens e mulheres que têm uma boa identificação com essas oito categorias são considerados equilibrados; portanto, sua jornada será equilibrada.

Acho que atribuir um gênero a processos universais é algo que leva à confusão e à separação. Esses processos universais são parte da experiência espiritual que deve ser objetivo de vida tanto de homens como de mulheres.

O que ficou popularmente conhecido como movimento feminista foi, na verdade, um grande número de mulheres clamando por sua energia dinâmica, às vezes sacrificando a energia magnética, feminina. Creio que o movimento masculinopode ser equivalente — reivindicação dos aspectos magnéticos à custa dos aspectos dinâmicos. Ambos são necessários em cada um de nós como parte do nosso desenvolvimento espiritual.

O que ficou popularmente conhecido como movimento feminista foi, na verdade, um grande número de mulheres clamando por sua energia dinâmica, às vezes sacrificando a energia magnética, feminina. Creio que o movimento masculino pode ser equivalente – reivindicação dos aspectos magnéticos à custa dos aspectos dinâmicos. Ambos são necessários em cada um de nós como parte do nosso desenvolvimento espiritual.

Gay Lynn: Partilhamos com você a fábula de Esopo "A galinha dos ovos de ouro". Como você vê essa história relacionando-a com o processo de parto espiritual?

Angeles: A meu ver, é uma história sobre a beleza da energia magnética, que é a capacidade de respeitar o momento certo e o ciclo das coisas. Há uma parte de nós e da natureza que sabe esperar, manter a gestação e respeitar o tempo certo de dar à luz. E então, quer sejamos macho ou fêmea, há também partes de nós que são impacientes, gananciosas e que retardarão ou apressarão o processo, o que é representado pelo fazendeiro avarento.

O parto é um processo universal, interna e externamente falando. É experimentado internamente tanto nos homens como nas mulheres. Externamente, o processo de parto se manifesta no homem como a capacidade de dar forma às coisas, em projetos e expressões de criatividade. E o mesmo se aplica às mulheres. No entanto, somente uma mulher dá à luz biologicamente, o que faz com que ela ingresse na energia dinâmica. É a sua iniciação. Cada mulher que dá à luz tem sua iniciação no fogo da criação, na energia masculina.

Portanto, vejo "A galinha dos ovos de ouro" como a história da energia magnética, das forças do nascimento, tanto da força negativa — que é egoísta e gananciosa — como daquela que respeita os ciclos orgânicos. São essas as duas forças do nascimento. Às vezes abortamos as coisas, tornamo-nos egoístas e gananciosos. Às vezes continuamos a respeitar o ciclo orgânico, o tempo certo, a próxima fase ou estágio de um projeto, ou de um relacionamento, ou do desenvolvimento de um bebê.

Gay Lynn: Você deu à luz muitas coisas. Como foram seus processos de parto?

Angeles: Cada nascimento foi diferente, totalmente diferente! Teve seu tempo certo, acontecendo num ritmo mais rápido ou mais lento. Cada um teve suas complicações e desafios.

Gay Lynn: Parcerias constituem uma parte vital do processo de parto. Descreva esse sistema afetuoso e de apoio que nos ajuda a dar à luz.

Angeles: Acredito que haja três maneiras pelas quais damos à luz:

1. Damos à luz sozinhos.
2. Damos à luz com um parceiro, amigo ou colega.
3. Damos à luz em equipe, em coletividade ou em comunidade.

São esses os três processos universais em que vivemos, nos movemos e temos a nossa vida desdobrada a cada dia. Cada um desses processos pode implicar uma experiência de parto diferente. Dei à luz sozinha, dei à luz com um companheiro e dei à luz em grupo.

Gay Lynn: Como foi para você dar à luz sozinha?

Angeles: Em meu programa de treinamento, passamos três dias e duas noites em solidão. Além disso, tenho uma prática pessoal de ficar em silêncio um dia por mês, ouvindo a orientação que vem de dentro de mim. Nunca me envolvi em um projeto que não me permitisse passar algum tempo sozinha.

Esse tempo de solidão é o que chamo de "tempo sagrado". Ele utiliza meu momento de solidão no processo de parto.

No parto com um parceiro, aprendemos muito sobre colaboração. Com uma equipe, aprendemos sobre habilidades grupais e consolidação comunitária. E todos eles envolvem um compromisso diferente com aquilo que estamos criando.

Tenho uma prática pessoal de ficar em silêncio um dia por mês, ouvindo a orientação que vem de dentro de mim.

David: O contato com a natureza também é importante para você?

Angeles: A natureza exterior é um espelho da natureza interior de cada um. Tenho necessidade de passar algum tempo junto à natureza todos os dias. Sinto que é aí que ocorre a gestação, a reflexão, o espelhamento. A intensidade com que as pessoas se ligam à natureza exterior é a mesma com que podem se ligar a sua natureza interior. E, na medida em que as pessoas se separam da natureza exterior, separam-se também de sua natureza interior.

David: Como você se liga à natureza?

Angeles: Eu saio para o convés do meu barco ou faço *trekking*. Sempre reservo um tempo para fazer uma caminhada diária, mesmo quando estou viajando e dando palestras.

Gay Lynn: No processo de dar à luz, há sempre dores de parto, desafios. Como você atravessa essas etapas?

Angeles: Acho que a história da galinha dos ovos de ouro é um bom exemplo do que acontece quando não queremos obedecer ao processo do parto natural e aguardar o tempo certo. Acabamos sacrificando o que está tentando vir à luz devido à nossa própria impaciência. Nosso ego tem necessidade de controlar o resultado, em vez de deixá-lo vir e dar o próximo passo. E esse próximo passo, para mim, pode ser o permanecer dócil, seguindo aquilo que é mais fundamentalmente significativo, buscando a integridade, sempre em contato com essa energia e tratando de me divertir com isso e manter o senso de humor.

Sempre há desafios no processo criativo. Cada desafio é diferente para cada projeto, e sei que, em algum lugar, haverá um obstáculo no meu caminho.

Acho que a história da galinha dos ovos de ouro é um bom exemplo do que acontece quando não queremos obedecer ao processo do parto natural e aguardar o tempo certo. Acabamos sacrificando o que está tentando vir à luz devido à nossa própria impaciência.

Gay Lynn: Como você contorna os obstáculos da vida?

Angeles: Ao explorar o obstáculo, você resolve criativamente o problema.

Em todo parto, há um processo criativo. Para mim, os obstáculos constituem uma oportunidade para uma solução criativa dos problemas. O obstáculo surge e persiste, e então eu verifico se estou apressando ou retardando o processo.

Gay Lynn: Podemos perguntar a nós mesmos: "Como estou agindo com relação a esse problema? Estou apressando ou retardando o processo?"

Angeles: Sim, e eu uso um mantra para mim mesma: "Não se apresse e não se atrase. Qual é o próximo passo? Qual é o próximo passo?"

Gay Lynn: É um mantra maravilhoso para dar à luz nossas vidas.

David: Outras culturas lidam com a dicotomia masculino/feminino de maneira menos dualista?

Angeles: Na maioria das culturas indígenas ou ligadas à terra, os papéis são claramente definidos e respeitados. A cozinha é um domínio sagrado para quem quer que se encarregue dela, homem ou mulher. Cuidar das plantações é uma atividade de administração sagrada e, dependendo de quando uma ajuda extra é necessária em qualquer lugar, homens e mulheres trabalham juntos. Há um oposição entre papéis definidos e pessoas oprimidas. Onde os papéis são claramente definidos, encontramos respeito. Não creio que esses papéis tenham sido claramente definidos desde o princípio, e sinto que isso está acontecendo atualmente com a superinfovia. A Internet é outra fronteira pioneira, que está propiciando um parto maciço, coletivo. As pessoas encaram umas às outras como recursos criativos e não com prejulgamentos do tipo: "Você é um homem; portanto, fará isto" ou "Sou uma mulher; portanto, farei aquilo".

As pessoas encaram umas às outras como recursos criativos e não com prejulgamentos do tipo: "Você é um homem; portanto, fará isto" ou "Sou uma mulher; portanto, farei aquilo".

O verdadeiro perigo, à medida que nos aproximamos do século XXI, é o termos sido colocados no misturador de sexos em vez de sermos encarados como seres humanos com certas capacidades, talentos e habilidades, e de os utilizarmos conjuntamente para dar à luz o próximo processo criativo.

Gay Lynn: Como dar à luz, conjuntamente, nossa comunidade global e a alma do mundo? Qual é a visão que você tem desse processo?

Angeles: Sinto que ocorrerá passo a passo, à medida que as pessoas começarem a trabalhar uma conscientização dentro de suas próprias famílias, em sua natureza interior.

Gay Lynn: Como isso poderia acontecer?

Angeles: Acredito que os pais possam fazer isso ao reconhecer e dar apoio aos empreendimentos criativos de seus filhos.

Criar é belo, precioso, maravilhoso. Não recai sobre o processo da criação nenhum tipo de julgamento. A criança é como a "galinha dos ovos de ouro", e os pais podem, às vezes, assemelhar-se ao fazendeiro — querendo que o filho faça algo no tempo determinado por eles e segundo o jeito deles, e não de acordo com o tempo e o caminho da criança. Precisamos encarar nossos filhos como a galinha dos ovos de ouro. Eles são as nossas possibilidades para o futuro.

Gay Lynn: As crianças têm os ovos de ouro?

Angeles: Têm, e precisamos facilitar a parte orgânica do processo. O maior impacto que podemos produzir é agir sobre uma criança, dar-lhe nosso apoio criativo de maneira consistente. O mistério que um pai experimenta com cada um de seus filhos é o mesmo que experimentamos à medida que nos encaminhamos para a aldeia global. Na aldeia global, apoiamos criativamente a Mãe Natureza, a consciência de Gaia, que também tem os ovos de ouro. É uma nova era de parceria com o planeta. Sem pressionar o planeta ou sem tentar ser oportunista com relação a ele, estamos trabalhando com o processo criativo orgânico.

Gay Lynn: As pessoas estão apreensivas por causa da violência, da morte, da destruição e dos desastres que vêem na TV e nos jornais.

Angeles: Estamos passando pelo processo de parto. O nascimento é algo muito sangrento. O nascimento não é agradável; é muito, muito confuso.

David: E pode haver muitos gritos e precipitação a nossa volta.

Angeles: Sem dúvida estamos num intenso trabalho de parto. E não é nada fácil.

David: E quanto àqueles que temem o processo de parto e entram em pânico devido a todas as mudanças que ocorrem?

Angeles: Não sei o que dizer, pois eu não acho que deva guiar o processo de parto de outras pessoas, mas apenas oferecer conforto ao longo da jornada e sabedoria para diminuir o medo. Posso oferecer amor para mitigar o medo, essa experiência humana que ensinamos as pessoas a administrar. O amor é mais forte do que o medo. Portanto, creio que precisamos ser mais afetuosos, invocar nossa natureza amorosa, em vez de combater o medo com mais medo.

Não há resposta fácil. Isso é parte do mistério. Assim como o nascimento, a morte, o casamento e a iniciação são, cada qual, um mistério. Nosso desafio é deixar-nos penetrar por ele, em vez de tentar controlá-lo.

Eu adoro o que diz o povo apalache: "O que você está aprendendo? Em que você está trabalhando?" É preciso prestar atenção ao que se está aprendendo e ao que se está fazendo.

Gay Lynn: Você mencionou acontecimentos significativos em nossas vidas: nascimento, morte, casamento e iniciações. Todos eles são ritos de passagem que ocorrem nos níveis interior e exterior.

Angeles: Exatamente, pois todos os nascimentos são ritualizados em cada cultura. E também os casamentos, as iniciações e as mortes são ritualizados. E assim reconhecemos que usamos rituais para apoiar a mudança e para apoiar aquilo que não entendemos plenamente.

Gay Lynn: Como o ritual nos ajuda a ingressar no mistério?

Angeles: O estabelecimento do ritual é uma intenção consciente de realizar cerimônias com objetivos sagrados.

David: E de marcar essa mudança...

Angeles: Ele marca a mudança e tem a comunidade por testemunha.

David: Isso vai além do domínio mental. Grande parte da metafísica estava retendo o pensamento em nossas mentes. O ritual vai além disso, é holístico — mente, corpo e espírito — e é traduzido em ação pela cerimônia.

Gay Lynn: Nossa espiritualidade e nossa sexualidade percorrem o mesmo caminho no sistema dos chakras, embora nos inclinemos a separar o corpo e sua sexualidade da mente e do espírito.

Angeles: Sim, nós os separamos em sagrado e profano. É por isso que hoje estamos nos fundindo num mundo do tipo "os dois/e". Não podemos mais nos dar ao luxo de dividir as coisas em "ou isto/ou aquilo", em sagrado ou profano. O ingresso no século XXI será uma tessitura da consciência do tipo "os dois/e". As separações não funcionarão mais; elas se tornaram muito dolorosas. O corpo é o espírito, e o espírito está no corpo.

Aprendemos que não estamos imunes ao mistério, ao nosso corpo e, principalmente, não estamos imunes à nossa morte. Portanto, trata-se de cultivar deliberadamente a amizade. Sentir-se à vontade tanto no mundo interior como no mundo exterior. Não podemos apenas permanecer no mundo exterior e nunca nos voltarmos para dentro, assim como não podemos permanecer eternamente no mundo interior. Em algum momento, temos de levar um para dentro do outro e estabelecer a amizade entre ambos. Chamo isso de caminhar pela via espiritual com um pé na prática. Eis o segredo!

"Mãos espirituais
estão sobre a minha
cabeça. Pai, Mãe,
abençoai-me. O bem-estar
percorre o meu corpo,
fluindo como
chuva, purificando-me
e acariciando-me."

— *Carol Lynn Pearson*

Carol Lynn Pearson

Walnut Creek, Califórnia

Carol Lynn Pearson: A Mãe Teceu a Manhã

Carol Lynn Pearson foi primeiro atriz e depois escritora. Hoje, com sua peça-monólogo *Mother Wove the Morning* ela combina esses dois talentos naquilo que sente que é a obra mais importante de sua vida profissional.

Carol Lynn é autora de cinco livros de poesia, que até a presente data venderam mais de 250 mil cópias. Suas obras mais recentes são *Women I Have Known and Been* e *Picture Window*. Pearson fez o bacharelado e o mestrado em artes dramáticas na Brigham Young University, e é membro dedicado e vitalício da igreja mórmon.

Sua autobiografia, *Goodbye, I Love You*, conta a história de sua vida com o marido Gerald, os conflitos que a homossexualidade dele provocaram em seu casamento, o divórcio e a subseqüente morte de Gerald, de AIDS, na casa de Carol Lynn, onde ela cuidou dele até o fim.

Carol Lynn trabalha e mora com os quatro filhos em Walnut Creek, na Califórnia, desde 1976. Sentamo-nos em sua sala de estar/estúdio/dormitório, decorada com um belo papel de parede com botões de rosa. Segundo Carol Lynn, a vitalidade das paredes floridas é uma afirmação de vida. A metade inferior da parede, à altura do encosto da cadeira, apresenta listras de cores fortes — azul-marinho, vinho e verde — que proporcionam uma boa base masculina, diz ela.

Gay Lynn: Você poderia descrever a imagem que você tinha de Deus durante a infância e a adolescência?

Carol Lynn: Recebi uma educação religiosa antropomórfica em que Deus era um macho divino perfeito, e aprendi que temos o potencial de nos tornar como Deus. É um ensinamento muito claro em minha religião. Ao mesmo tempo, embora de maneira não tão desenvolvida, existe a concepção de Deus como mãe, de modo que há um casal divino. Todos os mórmons conhecem "Nossa Mãe Celeste", e podem dizer: "Algum dia saberemos mais a respeito de nossa Mãe."

Gay Lynn: Como você visualiza isso para si mesma?

Carol Lynn: Gosto muito de imaginá-la como uma mulher perfeita, um ser realmente magnífico, e ainda assim identificável como Mãe, o que é uma visão mais antropomórfica.

Eu não prefiro visualizar-me nela excluindo o masculino, pois sinto que eu quero o equilíbrio, quero a ambos. Desse modo, quando os visualizo ou, freqüentemente, quando rezo, imagino um casal divino perfeito, com as mãos sobre a minha cabeça, dando-me uma bênção. E também posso me imaginar nos braços da Mãe Divina.

Eu não prefiro visualizar-me nela excluindo o masculino, pois sinto que eu quero o equilíbrio, quero a ambos. Desse modo, quando os visualizo ou, freqüentemente, quando rezo, imagino um casal divino perfeito, com as mãos sobre a minha cabeça, dando-me uma bênção. E também posso me imaginar nos braços da Mãe Divina.

David: O que o comportamento ganancioso do homem em "A galinha dos ovos de ouro" representa para você?

Carol Lynn: O comportamento desse homem representa o pior da cultura patriarcal, querendo dominar, sem o menor respeito por tudo o que existe. Num espírito de ganância, o homem se colocou acima de todos e da própria natureza. E ele o fez de maneira violenta, em benefício próprio e a curto prazo.

Gay Lynn: Você deu à luz muitas coisas em sua vida, além de quatro filhos maravilhosos. Pode descrever o processo de parto quando está escrevendo?

Carol Lynn: Às vezes sou capaz de localizar com precisão um momento de concepção! Sei quando algo provoca um pequeno clique no meu cérebro, e diz: "Ah, eis aí uma possibilidade para um projeto real."

Mother Wove the Morning, com suas 16 personagens femininas falando sobre suas vidas desde a pré-história até a época atual, veio comigo de onde quer que eu tenha vindo no outro mundo antes de chegar aqui. Eu já cheguei com uma certa consciência feminista.

No colégio, muito antes que Betty Friedan começasse seu movimento, eu dizia: "O que há de errado com essa imagem?" Cresci em Utah como mórmon, fui tratada com muito carinho e me foram oferecidas muitas oportunidades. No entanto, com certeza faltava alguma coisa. Em minha feminilidade, eu estava em algum lugar à margem e a masculinidade ocupava o centro de tudo. Algo em mim — e não era o meu ego — me dizia que isso estava errado.

O conteúdo de *Mother Wove the Morning* continuou vindo até mim, exigindo a minha atenção e, finalmente gritando, até que eu dissesse sim e dedicasse a ele a minha atenção e a minha energia. Então, a mensagem caiu no lugar certo, sob a forma dessa peça, e exigiu muito trabalho para que finalmente acontecesse.

Outros projetos dizem apenas: "Ah", no princípio, e eu me encarrego de lhes dedicar o tempo e a reflexão necessários para que se desenvolvam. Assim, é fácil precisar quando nasceram.

Gay Lynn: Cultivar parcerias, amizades e comunidades de pessoas que nos dão apoio é muito importante quando estamos dando à luz nossas criações. Como você recebe esse alimento e apoio?

Carol Lynn: Tive uma parceria muito singular com meu marido, a qual foi, ao mesmo tempo, útil e dolorosa.

Como ser humano, ele era uma pessoa generosa e ficava muito entusiasmado com as idéias que eu estava desenvolvendo. Ele me emprestou 2 mil dólares para que eu publicasse o meu primeiro livro de poemas. Sua ajuda e apoio foram inestimáveis.

Estávamos numa situação bizarra. Ele era homossexual, e sua homossexualidade negava profundamente a minha feminilidade. Certamente a minha igreja, aparentemente Deus e agora o meu marido, todos eles preferiam os homens! É difícil negar a feminilidade em quaisquer outros níveis além desses.

Estávamos numa situação bizarra. Ele era homossexual, e sua homossexualidade negava profundamente a minha feminilidade. Certamente a minha igreja, aparentemente Deus e agora o meu marido, todos eles preferiam os homens! É difícil negar a feminilidade em quaisquer outros níveis além desses.

Portanto, apesar disso, e acredito que exatamente por isso, a vida nos empurra para o fogo — a panela de pressão — para se certificar de que aquilo que viemos fazer aqui seja feito o mais depressa possível.

Aceito o fato de ter sido colocada num casamento com um homossexual e num relacionamento muito profundo com uma igreja patriarcal. Isso me desafiou em todos os sentidos. Eu precisava morrer psíquica e espiritualmente, ou então gritar a plenos pulmões que a feminilidade tem o mesmo valor e tem de ser respeitada, ouvida e reverenciada, o que escolhi fazer, em vez de me recolher e morrer.

Não estou totalmente sozinha nisso. Tenho recebido apoio de muitas mulheres maravilhosas. Hoje à noite, um grupo de fantásticas mulheres mórmons hereges virá à minha casa para a nossa reunião mensal. Somos todas religiosas praticantes e queremos continuar assim, e também queremos conservar nosso equilíbrio mental e transformar a instituição para dar a nossos filhos o melhor que temos, o que é muito bom, e transformar o pior que temos, o que pode ser muito doloroso.

Gay Lynn: Parece como se você tivesse amizades belas, afetuosas e que lhe dão apoio.

Carol Lynn: Tenho amizades muito boas com mulheres que têm as mesmas idéias. Muitas de minhas amigas mórmons abandonaram a igreja; eu entendo e respeito a decisão delas. Mas tenho também uma profusão de amigas mórmons que continuam freqüentando a igreja, que compreenderam umas às outras e que se apóiam mutuamente. Isso faz parte do alimento que continuo a receber, e constitui um grande apoio!

David: Como é ser uma mulher com esse tipo de atitude na igreja mórmon?

Carol Lynn: Tem sido como andar durante anos numa corda bamba. Dando passos muito cuidadosos, empenhando-me para não cair nem para um lado nem para o outro. E tenho conseguido notável sucesso.

Há um ano, seis mulheres feministas intelectuais mórmons foram excomungadas ou desligadas da igreja. Isso continua a acontecer. Na semana passada, uma mulher em Utah, que esteve escrevendo com base na suposição de que o Espírito Santo era, na verdade, a Mãe ausente, foi colocada sob investigação e também pode ser excomungada.

Quanto a mim, tenho tido sorte, e bastante cuidado, também. Pago minhas dívidas para com a igreja no intuito de me tornar uma figura conhecida e benquista no seu meio. Meus poemas têm sido citados já há bastante tempo pelas fontes mais consagradas. Isso de certa forma me colocou numa posição privilegiada, em que tenho mais voz ativa e mais liberdade do que a maioria.

Não tenho atacado a igreja. Procuro sempre ver seus pontos positivos e tenho feito meu trabalho de maneira digna. Não me afastei para me ligar ao Templo, e não fiz nada de ultrajante. Tem sido um grande desafio, e um desafio assustador, mas eu sempre soube, desde o princípio, que é isso o que eu tenho de fazer e que foi isso o que vim fazer neste mundo.

Em vez de ser combativa, tento atrair as pessoas com uma idéia nova. Gosto da frase de Joseph Campbell quando diz: "Eu não gostaria de ver as pessoas abandonarem sua religião: gostaria de vê-las transformar suas religiões."

Gay Lynn: E é isso o que você está fazendo; está transformando a sua religião a partir de dentro.

> Eu acho que o que estamos ouvindo é o estertor do patriarcado. Eles estão tentando fechar violentamente a porta do estábulo e não perceberam que o cavalo já se foi há muito, e que não adianta mais querer fechar a porta! Mas eles estão tão assustados, desesperados mesmo, que isso é tudo o que sabem fazer!

Carol Lynn: Tenho causado um impacto considerável, assim como outras mulheres e outros homens. Parte desses impactos poderá não ser percebida durante algum tempo. Há um retrocesso na minha igreja, bem como na sociedade em geral. E neste momento as coisas estão, de certa forma, mais fechadas do que já estiveram.

Eu acho que o que estamos ouvindo é o estertor do patriarcado. Eles estão tentando fechar violentamente a porta do estábulo e não perceberam que o cavalo já se foi há muito, e que não adianta mais querer fechar a porta! Mas eles estão tão assustados, desesperados mesmo, que isso é tudo o que sabem fazer!

Gay Lynn: Você já tem um netinho e está esperando um outro. Qual é sua visão do mundo que eles vão encontrar?

Carol Lynn: Preciso ter esperança e acreditar que, para os meus netos, o mundo está se tornando um lugar mais habitável, a despeito de tudo o que tenho visto — as gangues, o crime.

Tudo o que vemos por aí poderia indicar que estamos nos encaminhando para uma explosão que nos destruirá a todos. Se não for nuclear, será uma destruição social. Isso é bem possível, mas quero acreditar que, por outro lado, vem ocorrendo também um esclarecimento. Tenho de acreditar que o bem é mais poderoso que o mal, ou então me encolherei num canto para morrer.

Acredito que o universo pode recriar a si mesmo de maneira nova e melhor — que um número suficiente de pessoas está se movimentando na direção certa e que os meus netos, e todos os que hão de vir, poderão encontrar sua dádiva particular para oferecer e poderão reconhecer o horror e a dor que existem e dizer, a despeito disso tudo, e talvez por isso mesmo: eis a minha dádiva, que é uma coisa bela. E eles oferecerão ao mundo a sua contribuição. Então, posso me tranqüilizar com relação a deixar este mundo, vendo-os tomar conta dele.

No prefácio a *Mother Wove the Morning*, Carol Lynn compartilha:

> *Prenuncio nas minhas esperanças e nos meus sonhos um tempo, nos anos vindouros — quem sabe quantos ainda serão? — talvez menos do que imaginamos —, em que os homens e as mulheres se moverão maciçamente rumo à parceria conjunta, reconhecendo em suas próprias parcerias a parceria de nosso Pai e de nossa Mãe Deus. Nesse dia, anunciaremos, cantaremos e falaremos para um Criador em cuja imagem todos nós somos igualmente forjados.*

Posição

Se "A" levantar os olhos para "B"
Então, pela natureza do universo físico,
"B" terá de abaixar os olhos para "A"
Como dois pássaros
Posicionados
Um numa árvore
E o outro no chão.

Ou assim pensava Marjorie
Que sempre quis se casar
Com um homem para o qual pudesse erguer os olhos
Mas se perguntava onde ele
a colocaria
Se isso acontecesse.

Imagine o espanto de Marjorie
Quando encontrou Michael e descobriu
Que, juntos, eles viam a física
De uma forma completamente diferente.

Jamais se poderia
Passar isso para o papel
Pois é algo que desafia
As leis da perspectiva.

Porém, ano após ano,
Eles viveram um estranho
Acordo
Que, por todas as leis conhecidas,
Não poderia acontecer:

Ela erguia os olhos para ele
E ele erguia os olhos para ela.

WOMEN I HAVE KNOWN AND BEEN
CAROL LYNN PEARSON

6

Dar à Luz Deus em nossa Carne: Encarnação

REFLEXÕES DE DAVID

Dar à Luz Deus em nossa Carne: Encarnação

Babe Ruth, o batedor do beisebol que se tornou rei e herói para os meninos norte-americanos, parou de jogar aos 40 anos e morreu naquele que teria sido um de seus anos mais fecundos. Por quê? Ty Cobb oferece uma explicação:

> *Ele começa a despejar alimentos garganta abaixo já pela manhã e não pára mais. Eu o vi à meia-noite, instalado na cama, encomendar seis enormes sanduíches triplos e devorá-los com uma travessa de costeletas de porco e um jarro de cerveja. E, durante todo o tempo, fumava enormes charutos negros.*
>
> *No dia seguinte, percorreu dois ou três circuitos completos de corrida e caminhou a passos acelerados ao redor das bases, queixando-se o tempo todo de gases e dores na barriga. O que ele não teria feito se tivesse tomado um mínimo de cuidado com o próprio corpo?*

- *God's Key to Health and Happiness*
R. Josephson, 1962, Old Tappan, NJ:
Fleming H. Revell

Nosso corpo é sagrado. Nós encarnamos o Divino — todos nós. Quase todo o cristianismo tem utilizado a palavra "encarnação" para aplicá-la somente a um homem santo, mas é uma palavra verdadeira para toda mulher, homem ou criança. O holismo e o dualismo são incompatíveis. Nosso corpo é de Deus e, portanto, sagrado, mas a humanidade e a terra também são sagradas.

Por que temos pensado tão negativamente e agido de maneira tão destrutiva em relação ao nosso corpo, à humanidade e à própria terra? Por que demoramos tanto para ouvir e fazer algo saudável em resposta aos gritos de dor e de

> **Por que temos pensado tão negativamente e agido de maneira tão destrutiva em relação ao nosso corpo, à humanidade e à própria terra? Por que demoramos tanto para ouvir e fazer algo saudável em resposta aos gritos de dor e de sofrimento que infligimos a nós mesmos, uns aos outros e à nossa Mãe?**

sofrimento que infligimos a nós mesmos, uns aos outros e à nossa Mãe?

O termo "sintoma" deriva da palavra grega que significa "signo" ou "sinal". Se a luz vermelha que indica o nível do óleo num automóvel começa a piscar, somos avisados de que o nível está perigosamente baixo e que o motor precisa imediatamente de uma dose adicional de lubrificante. Se a luz permanece acesa, é sinal de destruição iminente. Ignorar esse sinal é pedir que o motor acabe fundindo.

De maneira semelhante, nossos corpos são energia primorosa numa forma manifesta que é constantemente comunicada. Somos alertados para a necessidade de comer, de eliminar, de dormir e de beber. Babe Ruth estava tão acostumado a abusar de seu corpo e a sentir dor que suportava o sofrimento que causava a si mesmo como algo inerente a um atleta e verdadeiro profissional. Ty Cobb, arremessador no beisebol, que com toda a certeza não era nenhum fracote ou simplório, soube reconhecer a destruição do corpo masculino quando deparou com ela.

Precisamos parar para pensar e descobrir como e por que a pessoa chega à negação de si mesma e a um comportamento tão destrutivo em relação a si mesmo, aos outros e ao planeta. Esse comportamento tem um longo passado, diz Thomas Berry, e tem origem na concepção de que a Terra e tudo o que há nela precisam ser dominados, e não amados ou preservados. "E Deus lhes disse: Sede fecundos, multiplicai-vos, enchei a terra e subjugai-a; dominai sobre os peixes do mar, sobre as aves dos céus e sobre todo animal que rasteja pela terra" (Gênesis 1:28 RSV).

> **A encarnação precisa ser o nosso princípio orientador para o bem-estar, a totalidade, a unidade sagrada. Precisamos expandir a celebração da encarnação para além de sua aplicação a um único homem na história, "Deus nascido da carne", e atribuir a santidade a mais do que somente alguns avatares ou santos.**

Temos realizado nossa dominação e subjugação. Que tal agora nos unirmos para celebrar, preservar, reverenciar, curar e amar nosso planeta?

A encarnação precisa ser o nosso princípio orientador para o bem-estar, a totalidade, a unidade sagrada. Precisamos expandir a celebração da encarnação para além de sua aplicação a um único homem na história, "Deus nascido da carne", e atribuir a santidade a mais do que somente alguns avatares ou santos.

A palavra "carnal" provém do latim *carnis*, que significa "carne". Portanto, "encarnação" significa estar na carne. Que Jesus, o Filho de Deus, tenha se tornado carne é a base da doutrina teológica cristã. Jesus pode ser entendido como Deus nascido de uma encarnação, e assim também cada um de nós.

A igreja primitiva, e em particular o apóstolo Paulo, concebiam a carne como a antítese da espiritualidade. O carnal foi, com freqüência, associado a todo tipo de fraqueza e imperfeição humanas: "Porquanto, havendo entre vós ciúmes e contendas, não é assim que sois carnais?" (I Coríntios 3:3 RSV).

Para propósitos práticos, "carne" e "pecado" até hoje são sinônimos em muitas igrejas. Aquilo que é da carne, o carnal, é inferior, não espiritual, sensual, lascivo, corruptor, ímpio, mau, pecaminoso. Tal dualismo não se encontra apenas nas igrejas cristãs conservadoras, pois o Deus-Eu e o corpo também aparecem na difundida dicotomia entre espírito e matéria, pregada por algumas das religiões e cursos metafísicos com freqüência rotulados de Novo Pensamento ou de *New Age*. Além dos buscadores espirituais dos mais diferentes quadrantes, a cultura em que vivemos teme o corpo, resiste a ele e deseja bani-lo.

O programa de entrevistas *The Phil Donahue Show* recebeu diversas cartas de protesto contra a transmissão de um vídeo que mostrava o parto de uma criança por considerá-lo obsceno. O nascimento era visto como vergonhoso, resultado de lubricidade e de um ato carnal.

As divisões propostas pelo dualismo são artificiais e perniciosas. A pessoa holística sabe que somos um espírito, uma alma, um corpo sagrados. Não são três partes separadas, mas são como a água (H_2O), que se manifesta em três estados — sólido, líquido e gasoso — mas é sempre água, sempre a mesma substância elementar.

Preenchemos nossos pensamentos, crenças e padrões de vida com a desunidade. Dividimos nosso ser em partes superiores e partes inferiores. Separamo-nos uns dos outros. Depois que um jovem foi baleado numa escola da minha região, alguém me disse: "Fico feliz por não ter sido o meu filho." Pensei: "Ele *era* nosso filho — ele pertencia a todos nós."

Vimos em um programa de TV dois helicópteros norte-americanos sendo abatidos por fogo aliado num ridículo mal-entendido entre o exército e a força aérea dos Estados Unidos. Os pais e os entes queridos dos tripulantes dos helicópteros estavam furiosos. Mas se nas aeronaves estivessem *inimigos* — assim definidos pelo governo e pelos militares — ninguém se importaria, e aqueles que os abateram provavelmente seriam considerados heróis, e não culpados.

E quanto à nossa Terra? Ela não é Gaia, um ser orgânico que vive, respira, cresce e se alimenta? Thomas Berry, profundo filósofo da espiritualidade planetária, que combina geologia e teologia e, excentricamente, chama a si mesmo de "geologista", concebe nossa relação com Deus em três dimensões inseparáveis:

1. Divino-Humano
2. Humano-Humano
3. Humano-Terra

Ele assinala que a religião ocidental tem lidado muito com as duas primeiras dimensões, mas praticamente ignorou a terceira.

Vivemos, movemo-nos e temos o nosso ser numa matriz de unicidade. Nosso corpo é parte de um corpo maior, a Terra, e tudo isso pode ser entendido como o corpo de Deus.

Talvez precisemos começar a reimaginar e a reverenciar nosso corpo. Isso poderia nos ajudar a encontrar a cura, a reafirmar a encarnação.

Um dos nossos filhos correu nu pelo jardim da frente quando tinha cerca de dois anos de idade. Isso aconteceu em meados da década de 60, antes de *Hair* e de Woodstock e de toda aquela suposta liberação. Que choque ver esse garotinho nu saltando sobre a grama aparada em pleno bairro residencial! Que embaraçoso! Será que algum dos vizinhos o viu? Que horror!

Por que isso pareceu tão terrível? Por que, se acaso fosse mais velho, ele teria sido preso? Por que o fato de não usar roupas sobre certas partes de nosso corpo não apenas vai contra os costumes, mas é considerado um ato criminoso? (E pensar que, durante a maior parte do tempo, são os homens que prendem as mulheres por não se comportarem decentemente, assim como são os homens que pagam para vê-las dançando sem roupa em clubes, porque são indecentes.)

Até que ponto somos programados com atitudes dualistas, contrárias ao corpo! Como somos reprimidos e contraditórios! Será que nosso Espírito é bom e nosso corpo é mau?

Até que ponto somos programados com atitudes dualistas, contrárias ao corpo! Como somos reprimidos e contraditórios! Será que nosso Espírito é bom e nosso corpo é mau? Há partes de nosso corpo que são boas e partes que são más? ("Não toque aí, Jimmy! Tire a mão daí. Isso é feio!")

Passei uma semana em Esalen com Sam Keen e John Heider em 1967. Essa experiência mudou minha vida. Fiz maravilhosas meditações estáticas e em movimento, nas quais me abri aos fluxos do meu corpo. Fiz a experiência de penetrar nos meus centros de energia. Senti toda uma nova ligação com o meu corpo como amigo, companheiro. Antes, desde a minha infância, eu me sentia constrangido e envergonhado com minha magreza; hoje, eu posso olhar no espelho e me sentir orgulhoso, adequado, sagrado. Como essa experiência me ajudou e continua ajudando!

Quando retornei à instituição religiosa onde trabalhava, alguns colegas fizeram observações depreciativas e maliciosas sobre a minha semana em Esalen. "Você entrou nos banhos sem roupa?" "Conseguiu um pouco de emoção barata?" Essas observações a respeito dos banhos no estilo japonês ou europeu, nas fontes termais de Big Sur, revelaram a tensão, a repressão e os temores que a maioria das pessoas sente com relação a seu próprio corpo, o templo de Deus.

As mulheres em nossa sociedade estão começando a celebrar o início tanto da menstruação como da menopausa. Ritos de passagem que respeitam o fluxo sagrado da mulher estão se tornando rituais saudáveis para meninas e mulheres mais velhas, e para todas as mulheres e homens.

A batalha contra a carne tem sido vigorosamente travada ao longo de toda a história da igreja cristã, onde as palavras que qualificam a parte inferior, baixa e corruptível de nós mesmos são "carne", "sentidos", "carnal", "mortal", "mundana" e "humana".

O bispo John Spong, da igreja episcopal, torna claro que essa rejeição de nossa carne como impura, não espiritual e pecaminosa tem raízes profundas em tradições patriarcais que oprimiam o feminino e as mulheres. Sua análise, rica em introvisões, de Maria, Mãe de Jesus, lança luz sobre o quanto é corrompida a crença segundo a qual Jesus não poderia ter sido concebido e ter nascido por meios naturais. Ele afirma, em seu livro *Born of a Woman: a Bishop Rethinks the Birth of Jesus:*

> *Quanto mais depreciada fosse a carne, mais a virtude de Maria precisava ser protegida. Ela se tornou não apenas a virgem, mas a virgem perpétua, e em seguida a virgem pós-parto. Tornou-se uma questão de grande importância provar que Maria manteve intato o seu hímen durante o parto. A mensagem segundo a qual todos nós nascemos do Espírito de Deus perdeu-se num frenesi de literalismo patriarcal, antiprofano.*

O bispo conclui:

> *Dou boas-vindas ao despontar dessa consciência humana mais profunda e superior. As recompensas que ela trará prometem valer a jornada que devemos empreender a um novo Belém, onde poderemos, mais uma vez, reverenciar e adorar a Deus, que se encontra no cerne de nossa humanidade encarnada. Como macho e fêmea.*

Rejeitando uma interpretação literal da Bíblia, o bispo Spong procura ser uma voz de sabedoria e nos insta a encontrar o espírito que é revelado na Bíblia. Ele explora corajosamente questões e refuta idéias a que os fundamentalistas aderiram e com as quais tentaram fazer lavagem cerebral em outros para que acreditassem. O bispo Spong incisivamente reexamina a Bíblia e assinala como as atitudes obsoletas extraídas desse livro nos têm oprimido, e também como podemos ter uma compreensão nova e mais honesta dessas escrituras hebraicas e cristãs para o nosso tempo.

Nossa entrevista com o Bispo Spong é seguida por uma conversa com dois ministros da Unity, Jack e Pat Barker, marido e mulher que servem em Cincinnati, Ohio. Os Barker têm utilizado um livro do bispo Spong, *Living in Sin: A Bishop Rethinks Human Sexuality*, como material para as aulas que ministram em seu New Thought Unity Temple. Eles se aventuram além das fronteiras tradicionais, ousando estudar as questões controvertidas que John Spong levanta, como *gays* e lésbicas nas igrejas, sexo entre pessoas não casadas, divórcio, e como nos libertarmos do literalismo da Bíblia a fim de adquirir poder para vivermos em relacionamentos iguais, não exploradores e amorosos.

"Deus é voluptuoso, e delicioso."

Meditations with Meister Eckhart
— Matthew Fox

Bispo John Shelby Spong

Repensar a Sagrada Família, com o Bispo John Shelby Spong

John Shelby Spong, bispo episcopal de Newark, Nova Jersey, é um franco e controvertido autor de 14 livros — incluindo os *best-sellers*: *Rescuing the Bible from Fundamentalism: A Bishop Rethinks the Meaning of Scriptures*, *Living in Sin: A Bishop Rethinks Human Sexuality*, *Born of a Woman: A Bishop Rethinks the Birth of Jesus*. Focalizamos os dois últimos livros, nos quais ele aplaude o fato de que "o aspecto feminino de Deus, há tanto tempo oprimido pelo patriarca masculino, está ribombando de volta sobre nossa percepção, varrendo nossos preconceitos masculinos e até mesmo nossas definições masculinas de mulher ideal".

John Spong consagrou-se bispo em 1976. Sempre teve vivo interesse pelos esportes e foi, por algum tempo, locutor de rádio, fazendo coberturas de futebol americano, basquetebol e beisebol.

O bispo Spong é hoje uma voz especialmente importante, que se levanta contra os golpes intolerantes desfechados contra os *gays*. "Deixe minha consciência ser o seu guia", insiste. O bispo Spong expõe para um grande público idéias com as quais muitos estudiosos da Bíblia e o clero já estão familiarizados, mas a respeito das quais relutam em falar publicamente.

Gay Lynn: Nossas perguntas estão relacionadas com muitos livros de auto-ajuda que o senhor escreveu. Estamos particularmente interessados no fato de o modelo bíblico para as nossas famílias basear-se numa mãe virgem e num filho celibatário. O que essa suposição tem feito para o nosso entendimento da espiritualidade e da sexualidade?

Bispo Spong: Creio que tem sido muito negativa.

Gay Lynn: Como podemos integrar nossa espiritualidade e nossa sexualidade, em vez de rejeitar ou de negar esta última?

Bispo Spong: Temos de remontar às histórias do nascimento nos evangelhos e fazer um pouco de análise histórica a respeito delas. As histórias do nascimento têm exercido um profundo impacto sobre o papel das mulheres. Quando escrevi *Born of a Woman*, meu único objetivo era o de mostrar que a transposição da virgem mãe dos evangelhos para a família cristã ideal tem exercido um horrível efeito sobre as mulheres ao longo de toda a história.

As histórias do nascimento constituem um desenvolvimento tardio na tradição cristã. Não estão na sua origem. Paulo foi a primeira pessoa a escrever no Novo Testamento, aproximadamente entre 49 e 66 d.C. Há duas referências à origem de Jesus em todo o *corpus* paulino. Uma delas diz que ele nasceu de uma mulher, como qualquer outro ser humano, sem nenhuma explicação e certamente sem uma história do nascimento. Em Romanos ele diz que, "segundo a carne", Jesus descendeu da semente de Davi. Isso indica um processo humano muito normal. Paulo prossegue dizendo que Jesus foi declarado "filho de Deus" pelo "espírito de santidade no momento da ressurreição", uma idéia bastante interessante quando se analisa o desenvolvimento posterior da teologia cristã.

No Evangelho de Marcos, que foi o primeiro evangelho a ser escrito, não se inclui absolutamente nenhuma história do nascimento de Jesus. Marcos faz apenas duas referências à família de Jesus — uma no capítulo 3 e outra no capítulo 6. Ambas são negativas. Em ambas sua família acreditava que Jesus não estava com a cabeça no lugar, ou, como diz o texto, estava "fora de si", o que provavelmente é um hebraísmo para "esquizofrênico"! Num desses dois textos, Maria é mencionada pela primeira e única vez no Evangelho de Marcos quando a multidão grita: "Não é este o filho de Maria?" Na verdade, essa referência era, em si mesma, pejorativa, pois quando um judeu adulto é chamado de filho de uma mulher, é uma insinuação de que sua paternidade é questionável ou desconhecida.

Ora, não há José, e portanto, não há pai de Jesus, em absoluto, no primeiro evangelho. José não aparece num texto cristão até a nona década. A primeira história de nascimento é encontrada em Mateus, escrita entre 82 e 85 d.C. José é a personagem central nessa história. (Maria torna-se a personagem central no Evangelho de Lucas, escrito cerca de cinco a dez anos mais tarde.) Portanto, a história de José em Mateus não é, obviamente, histórica.

Há três coisas que Mateus diz a respeito de José. Uma delas é que José teve um pai chamado Jacó. Em segundo lugar, tudo o que Deus diz a José vem por meio de um sonho; até mesmo o texto sobre uma criança que deve nascer de uma virgem, proveniente de Isaías, é comunicado em sonho. Em terceiro lugar, o papel de José no drama de Mateus foi o de salvar da morte a criança prometida, levando-a para o Egito.

Quando você remonta ao livro do Gênesis e lê a história de José, que tinha um manto de muitas cores, você descobre, em primeiro lugar, que esse José tinha um pai chamado Jacó; em segundo lugar, que ele estava totalmente associado a sonhos e que era até mesmo chamado de "o sonhador". Interpretando os sonhos do Faraó, ele adquiriu poder no Egito. Finalmente, o único objetivo de José no drama da salvação era salvar da morte o povo prometido, levando-o para o Egito. Essas coisas não são uma coincidência. É legítimo questionar se o José que aparece no Novo Testamento não era uma figura lendária, criada pelos cristãos para providenciar uma figura paterna numa família em que, presumivelmente, não havia um pai.

Maria aparece na história de Mateus, e pela primeira e única vez o texto sobre a virgem é introduzido na Bíblia. Num sonho, Deus diz a José que o nascimento de Jesus de uma virgem fora anunciado em Isaías 7:14. No entanto, é fascinante saber que a palavra "virgem" não se encontra no texto hebraico original. É a palavra *almah* que é utilizada nesse texto, e *almah* não significa "virgem" em hebraico. Significa simplesmente "uma mulher".

Esse texto foi traduzido para o grego para suprir o povo hebreu durante a diáspora, por volta de 250 a.C. Conhecido como Septuaginta, essa versão usa a palavra grega *parthenos*, que tem uma conotação de virgem. Infelizmente, Mateus citou apenas a tradução grega das escrituras hebraicas. Ele não remontou ao original hebraico. Portanto, toda essa história do nascimento de uma virgem foi construída sobre uma má interpretação de uma má tradução do texto de Isaías.

O cristianismo claramente tinha se afastado um pouco do útero judeu quando Mateus escreveu seu evangelho. Isso se deu entre doze a quinze anos depois da queda de Jerusalém. Nas tradições religiosas e nos mitos do mundo mediterrâneo, dizia-se que toda grande personalidade tinha nascido de uma virgem. Desse modo, a história da virgem entrou no cristianismo a partir dessa perspectiva.

Suspeito que por trás do desenvolvimento da tradição da virgem estava a razoavelmente bem-documentada acusação contra Jesus, por parte de seus críticos judeus, segundo a qual ele era um filho ilegítimo, pois os judeus acreditavam que um agitador religioso precisava ser bastardo. Eles pensavam que era isso o que tornava alguém um agitador religioso.

Gay Lynn: Todas essas questões que o senhor abordou, e que são dotadas de tanta carga emocional para nós até mesmo nos dias de hoje, têm a ver com a nossa sexualidade — a necessidade de se ter um nascimento virgem, o constrangimento da ilegitimidade.

Bispo Spong: Também é revelador da negatividade atribuída às mulheres.

Gay Lynn: Exatamente.

Bispo Spong: O próprio nascimento virgem é sexista. Ele supõe um ponto de vista genético segundo o qual a mulher é o receptáculo de toda a vida que se concentra no sêmen masculino. A mulher não contribui para essa vida.

Os povos antigos nada sabiam a respeito de células-ovo, zigotos ou códigos genéticos. Desse modo, quando queriam falar sobre a origem divina de uma pessoa sobre-humana, nunca tinham de levar a mulher em consideração, pois ela não contribuía geneticamente para a vida. Eles tinham apenas de descartar o homem e inserir algum poder ou força divinos em seu lugar.

Em 1827, o mundo ocidental finalmente descobriu a célula-ovo. Assinalo essa descoberta como o princípio da marcha rumo à igualdade de direitos das mulheres, pois o mundo masculino teve de reconhecer o fato de que as mulheres eram co-criadoras com os homens, e não apenas vasos onde os homens plantavam uma vida nova. Antes da descoberta da célula-ovo, a analogia era com um agricultor que plantava uma semente no solo da Mãe Terra. A Mãe Terra nada acrescentava à semente exceto o calor nutritivo do seu corpo, e era esse o papel que se atribuía às mulheres. Assim, a própria persistência da tradição do casamento virgem perpetua a idéia de que a mulher é simplesmente um receptáculo para a dádiva da vida que os homens plantam nela. Essa não é a pior parte da tradição da virgindade para as mulheres, mas é algo que precisa ser contestado.

Depois que a concepção da virgem foi trazida para a igreja cristã, o movimento da virgindade começou a crescer. Maria se tornou cada vez mais santa e cada vez mais sublime. Na época em que a igreja completou o desenvolvimento do mito de Maria, ela foi concebida imaculadamente, uma mãe virgem, uma virgem pós-parto e uma virgem perpétua! Chegou-se a dizer que Jesus nasceu sem romper o hímen de Maria. Em 1950, a igreja declarou que Maria subira corporalmente ao céu. Isto é, que ela, na verdade, não morrera.

Essa mulher, que a igreja chamou historicamente de "a mulher ideal", é uma pessoa que foi desumanizada e dessexualizada. Agora, eu gostaria de indagar: "O que há de tão maléfico na humanidade e na sexualidade de uma mulher a ponto de, antes de poder elevá-la à divindade, foi preciso eliminar dela sua humanidade e seu sexo?"

Essa mulher, que a igreja chamou historicamente de "a mulher ideal", é uma pessoa que foi desumanizada e dessexualizada. Agora, eu gostaria de indagar: "O que há de tão maléfico na humanidade e na sexualidade de uma mulher a ponto de, antes de poder elevá-la à divindade, foi preciso eliminar dela sua humanidade e seu sexo?"

Esse é um exemplo da negatividade histórica para com as mulheres que a Igreja tem perpetuado. Se você olhar para trás na história da igreja, e descobrir que a mulher ideal é uma mãe virgem — o que é bastante difícil de acontecer — então todas as outras mulheres estão fadadas a serem menos que ideais. Desse modo, a igreja preencheu as mulheres com negatividade, culpa e vergonha apenas por serem mulheres. Ensinou-se às mulheres que deviam ficar envergonhadas e constrangidas com a menstruação. A Bíblia chama isso de "abominação". Os mitos que cresceram em torno da menstruação são inacreditáveis. As mulheres tinham cometido atos vis, e por isso seus corpos haviam sido mutilados. Era por isso que eles não se pareciam com os dos homens. Dizia-se que seus corpos choravam a perda de seu órgão masculino ao sangrar a cada 28 dias. Essas histórias são hilariantes e só poderiam ter sido escritas por homens.

Gay Lynn: E o abuso e a discriminação contra as mulheres têm-se perpetuado devido a essas atitudes negativas, algumas das quais são baseadas nas escrituras judeu-cristãs.

Bispo Spong: Ah, com toda certeza. Veja bem, se uma mãe virgem é a mulher ideal, então mulher alguma pode atingir essa condição. Isso significa que qualquer outra mulher é inferior. Ensinou-se a mulher a lidar com sua culpa permanecendo virgem e, possivelmente, tornando-se uma freira, uma santa, ou então uma mãe procriadora. Eram essas as duas únicas maneiras pelas quais uma mulher poderia redimir sua natureza viciosamente feminina, pecaminosa, decaída. A reprodução era definida como a única razão legítima para o sexo. Portanto, se você colocar alguma coisa entre a sexualidade e a procriação, estará cometendo um odioso pecado. A proibição do controle da natalidade e do aborto resulta naturalmente das definições e das atitudes negativas com relação às mulheres. Com base nessa perspectiva negativa, a igreja ordenou, no século XII, que os sacerdotes fossem celibatários, não-casados.

Gay Lynn: E o que isso provoca em nossa idéia saudável de sexualidade?

Bispo Spong: Tenta nos convencer de que as mulheres são tão corruptoras que não podem se relacionar com homens santos. Se você quer ser um homem santo, não pode ter um relacionamento sexual com uma mulher porque ela é vil e carnal. Isso significa, naturalmente, que se você sente qualquer desejo por uma mulher, a culpa é dela. Ela é quem trouxe à tona esse desejo carnal no homem santo. Essa mentalidade ainda permeia a tradição cristã ocidental. Muitas dessas atitudes negativas podem ser rastreadas até as narrativas sobre o nascimento de Jesus e a idealização da Virgem Maria.

Gay Linn: Essa atitude negativa para com as mulheres não apenas levou à perseguição e à discriminação das mulheres, como também prejudicou o feminino interior em todos nós — homens e mulheres.

Bispo Spong: Penso que o mais alto poder humano consiste em definir o que é um ser humano e obter aceitação para essa definição. Armados com um livro que nós, cristãos, chamamos de "a palavra de Deus", que é exageradamente masculino e retrata as mulheres como cidadãos de segunda classe, impusemos essas definições preconceituosas sobre toda a ordem social como sendo a vontade de Deus. Até época muito recente, forçamos as mulheres a aceitar e a viver no âmbito dessas definições. Até mesmo em nossa época, encontramos exemplos de hostilidade para com as mulheres que dão um passo para além da definição tradicional do que se supõe que uma mulher deva ser. Olhe para a incrível hostilidade que se acumulou sobre Hillary Clinton, e para o aborrecimento que se abateu sobre Geraldine Ferraro quando esta se candidatou à vice-presidência e, mais tarde, ao senado — ou sobre qualquer mulher que tenha tido a audácia de reivindicar algum poder por direito.

A mulher que ousou violar seus limites culturalmente definidos teve de pagar um preço muito alto. Tenho quatro filhas — uma delas é vice-presidente de um banco, outra é advogada e leciona numa faculdade de direito, outra é pesquisadora doutora em física, e a quarta é graduada em engenharia química. Todas elas, em alguma ocasião, colidiram contra esse teto de vidro e tiveram experiências fascinantes.

David: O senhor acha que o direito religioso opõe resistência ao poder do feminino em particular? Poderíamos ter uma Maria plenamente sexual, mulheres e homossexuais ordenados, aborto permitido, uma mulher presidente, ERA?*

Bispo Spong: Tudo isso é uma guerra da consciência que, enquanto estamos aqui conversando, está em andamento neste país. O direito religioso está em pé de guerra com a consciência emergente porque ela muda todas as equações de poder que lhe serviram tão bem no passado. Essas equações estão mudando de maneira drástica. A velha maneira de pensar, repressora e negativa, a respeito das mulheres e do feminino, está condenada. A cada ano temos pessoas morrendo e novas pessoas ingressando no mundo.

Minhas filhas riem dos velhos modos de pensar hostis às mulheres, com freqüência disfarçados como "valores de família". Sou favorável à valorização de nossas famílias, mas precisamos entender que as famílias mudaram drasticamente. O mundo em que eu vivo é um lugar onde, se você somasse famílias de pais solteiros, pessoas celibatárias, casais que vivem juntos sem estarem casados e casais *gay*, todas elas constituiriam a maioria das famílias da América atualmente. Nenhuma delas é aquilo que tendemos a chamar de família tradicional.

---

* ERA (Equal Rights Amendement): Emenda de Igualdade de Direitos aprovada pelo congresso americano, sem força de lei, que atribui às mulheres igualdade com relação aos direitos jurídicos concedidos aos homens (N.T.).

O direito religioso continua tentando desesperadamente impor o velho estereótipo, mas esses estereótipos estão morrendo. Minha mãe, que tem 89 anos, não entende minhas filhas. Por que elas querem seguir uma carreira? Por que não se contentam apenas em ser esposas e mães? É isso o que se espera que uma mulher deva ser, pensa ela. E diz: "Eu me casei para ter filhos do meu marido", o que a meu ver é uma frase muito interessante e significativa. Revela a imagem a que me referi quando falei sobre a semente que está no macho, e a mulher que é apenas um receptáculo.

David: Temos uma porção de desafios à nossa frente. Também reconhecemos a presença de um interesse pelo poder das mulheres e pelo espírito feminino em todos nós. Consideramos o feminino como verdadeiro, benéfico, útil, reconfortante, criativo, necessário. Como poderemos despertar para uma nova apreciação do Feminino Divino em nossas vidas e no nosso mundo?

Bispo Spong: Você não pode suprimir para sempre o feminino. Tentamos fazer isso na sociedade ocidental, mas o feminino dispõe de meios interessantes, até mesmo insidiosos, para se reafirmar, assim como o *yin* e o *yang*. O *yang* não pode empurrar o *yin* para fora da existência. Quanto mais ele o faz, mais o *yin* se manifesta do outro lado. O feminino existe em todo ser humano, assim como o masculino. Se pudéssemos libertar o feminino nos homens, isto seria um maravilhoso passo à frente. Os homens têm um lado feminino que foi suprimido porque tem sido inaceitável expressá-lo. As mulheres certamente têm um lado masculino que também tem sido culturalmente inaceitável expressar, e que portanto foi reprimido.

David: É daí que provém parte do negativismo para com os homossexuais, a negação do feminino e do masculino em nós mesmos?

Bispo Sprong: Sim, isso é pelo menos parte desse negativismo. Nossa sociedade rejeita os homossexuais muito mais do que as lésbicas. A definição comum de homossexual é a de um homem que age como uma mulher durante o ato sexual. Portanto, existe a suposição segundo a qual qualquer homem que esteja querendo agir como uma mulher é apenas uma expressão horrível, medonha, da humanidade. Lembre-se, temos essa atitude negativa para com as mulheres perpassando toda a nossa consciência e a nossa cultura.

David: Portanto, essa atitude negativa para com as mulheres e com o feminino em geral provoca a rejeição dos *gays*.

Bispo Sprong: Dados, em sua maioria provenientes das ciências que estudam o cérebro, indicam que a orientação sexual é muito semelhante ao fator que determina se alguém será ou não canhoto. Tem a ver com a organização do cérebro ainda durante a gestação. Quando esse fato for reconhecido, todo o código moral a respeito de *gays* e de lésbicas terá de mudar, e mudará. Mais cedo ou mais tarde, a igreja e o estado reconhecerão e abençoarão casamentos entre *gays* e entre lésbicas. Espero que isso ocorra ainda durante a minha vida. O estado será o primeiro a resolver esse problema. Então, todos os valores legais, econômicos, políticos e sociais do casamento serão aplicados a casais de *gays* e de lésbicas. Com o tempo, a igreja seguirá o mesmo caminho.

David: Alguns teólogos feministas sugerem que talvez a razão pela qual há mais mulheres do que homens nas igrejas é que se supõe que amemos o homem, Jesus, e que abracemos o padre ou o pastor, que em geral é um homem. Supõe-se que o amemos e que levantemos os olhos para ele. Haverá nisso uma reação inconsciente entre os homens, pois esse afeto por outro homem levanta temores homofóbicos?

Bispo Spong: Creio que isso seja verdade, e creio que provoque também nosso complexo de Édipo não-resolvido, em particular quando a igreja, tradicionalmente, tem utilizado a palavra "pai" para os seus sacerdotes ao longo de toda a história do Ocidente. Os homens se sentem menos à vontade que as mulheres ao chamar outros homens de "pai". Minhas quatro filhas sabem como conseguir de mim, enquanto pai, qualquer coisa que queiram, a qualquer momento. Para isso, utilizam as artimanhas ensinadas a elas pela ordem social que oprimia as pessoas que sempre as utilizaram. Os machos dominantes nunca se sentiriam à vontade utilizando essas táticas.

Uma das coisas fascinantes que tenho notado na igreja episcopal é que quando começamos a ordenar mulheres para o sacerdócio, em 1977, tivemos dificuldade em decidir com que nome deveríamos chamar a mulher-sacerdote.

David: Seria impossível chamá-la de "pai".

Bispo Spong: Com certeza. Mas as pessoas da igreja também não conseguiriam chamá-la de "mãe". Hoje, exatamente 50% dos nossos alunos que estudam para o sacerdócio são mulheres. Daqui a vinte anos, o sacerdócio episcopal será uma profissão tanto feminina quanto masculina , fato que as pessoas nos bancos das igrejas ainda não reconheceram.

David: Então, como se resolve essa questão?

Bispo Spong: Os títulos "pai" e "mãe" estão desaparecendo e, de maneira bastante representativa, as pessoas na congregação se dirigem aos membros do clero pelo seu prenome. Aqueles que querem um título formal são, com freqüência, chamados de "pastor", palavra que, em inglês, é considerada sexualmente neutra.

David: Em seu livro *Born of a Woman*, o senhor chama a atenção para a outra Maria das escrituras cristãs — Maria Madalena — e revela alguns indícios que levantam a possibilidade de que Jesus tenha sido casado.

Bispo Spong: Não há dúvida de que Madalena foi uma figura muito significativa no movimento de Jesus. Em todas as listas de mulheres que o seguiram e viajaram com ele, Madalena sempre foi colocada em primeiro lugar. No mundo antigo, uma mulher obtinha *status* relacionando-se com um homem muito importante.

Jesus e seus discípulos tinham um grupo de mulheres que eram vivandeiras. Você as encontra já na fase galiléia do ministério de Jesus. As pessoas tendem a se tornar cientes das mulheres, antes de mais nada, nas histórias da crucifixão e da ressurreição, quando elas ocuparam o centro do palco. No entanto, elas sempre estiveram lá.

Um grupo de mulheres seguindo um grupo de discípulos itinerantes no século I, na Galiléia e na Judéia, apresenta-nos algumas imagens muito interessantes. Essas mulheres, nessa cultura, deviam ser esposas, prostitutas ou, talvez, mães. Tão logo você apresenta essas imagens, até mesmo os conservadores mais ferrenhos prefeririam a idéia de que essas mulheres fossem esposas à de que fossem prostitutas.

No Evangelho de João, Madalena é retratada como a principal pranteadora no túmulo. Por que Madalena? Qual era o seu papel? Ela chorava sozinha. Referia-se a Jesus até mesmo como "meu Senhor — eles levaram embora o meu Senhor..."

Acontece que "meu Senhor" era a maneira como uma mulher se dirigia ao marido na sociedade polida da cultura judaica. No Evangelho de João, ela pede para que lhe mostrem onde fora colocado o corpo de Jesus para que ela, Maria Madalena, pudesse levar embora esse corpo.

Teria sido um ato escandaloso para uma mulher na Judéia do século I reivindicar o direito ao corpo de um judeu morto do sexo masculino e não ter com ele um parentesco mais próximo. Então, quem era Madalena? Além disso, no Novo Testamento, Jesus é repetidamente chamado de "rabino". Na sociedade judaica, um rabino precisava ser casado; esse era um pré-requisito. Um homem solteiro não podia tornar-se rabino.

São apenas suposições, é evidente. Terei de esperar até chegar ao Reino dos Céus e entrevistar algumas pessoas para obter a certeza. Mas você pode construir uma hipótese muito consistente para a existência de uma ligação íntima entre Jesus e Madalena. Cheguei mesmo a argumentar, em *Born of a Woman*, que há uma certa razão para se acreditar que a história da festa de casamento em Caná da Galiléia tenha sido a do próprio casamento de Jesus. A verdadeira chave nessa história está no fato de que Maria, a mãe de Jesus, foi retratada como a anfitriã responsável pelas bebidas. Eles se dirigiram a ela depois que o vinho acabou. Não faz sentido abordar um dos convidados pelo fato de o vinho ter acabado. No entanto, poder-se-ia argumentar que Jesus tinha quatro irmãos, de acordo com o Evangelho de Marcos, e que talvez um desses irmãos estivesse se casando. Porém, Maria estava claramente na posição de mãe do noivo.

Jesus tem sido retratado ao longo da história como celibatário porque sacerdotes não-casados que fizeram seu retrato precisavam de Jesus como modelo para o papel deles. Penso que há uma verdadeira possibilidade de que Jesus tenha sido casado e que isso tenha sido reprimido na tradição da igreja.

David: Há, naturalmente, pessoas que acham essa perspectiva tremendamente perturbadora e repulsiva. Por que isso cai como uma bomba sobre os cristãos?

Bispo Spong: Se é revoltante estar casado com uma mulher, então deve-se indagar que definição de mulher satisfaz o inconsciente. O que há de tão errado com a mulher a ponto de ser negativa a idéia de uma pessoa santa casada?

Se eu fosse lhe contar uma piada suja, você esperaria ouvir uma piada sobre sexo. É interessante o fato de que a nossa cultura atribua "sujeira" ao ato sexual. Mas essa negatividade resulta de uma longa história, na qual as mulheres têm sido definidas como corruptoras e poluidoras dos homens. Essa é uma definição muito curiosa.

Gay Lynn: Então, como dar à luz Deus em nossa carne, em vez de dividir nosso ser num espírito que é bom e num corpo que é inferior? Como ajudaremos essa encarnação a ocorrer?

Bispo Spong: Essa é uma abordagem interessante. A razão pela qual eu sou cristão e a razão pela qual a história cristã exerce um apelo tão forte sobre mim é que, em sua essência, existe a crença de que cada ser humano leva em si a imagem de Deus. Portanto, devo me relacionar com todo ser humano como se ele fosse o portador dessa imagem sagrada. Isso significa que não posso escravizar, segregar, denegrir ou tratar qualquer ser humano como cidadão de segunda classe qualquer que seja essa pessoa: homem, mulher, negro, branco, *gay*, heterossexual.

A razão pela qual eu sou cristão e a razão pela qual a história cristã exerce um apelo tão forte sobre mim é que, em sua essência, existe a crença de que cada ser humano leva em si a imagem de Deus. Portanto, devo me relacionar com todo ser humano como se ele fosse o portador dessa imagem sagrada.

O segundo ponto da fé cristã que é importante para mim é que todo ser humano é objeto do amor infinito de Deus. O significado básico da vida de Jesus é que nada do que façamos pode nos afastar do amor de Deus. Traia a Deus, você é amado. Negue a Deus, você é amado. O que mais podemos fazer? Tentamos matar o amor de Deus e Deus responde a isso nos amando! É essa a história de Jesus.

A terceira mensagem essencial do cristianismo (e a que mais me sensibiliza) é a de que o conceito de Espírito Santo significa que somos convocados, nas palavras da propaganda do Exército, a ser tudo o que podemos ser. É isso o que significa ser espiritual ou ser total. Ser "santo" significa ser total, ser livre, aceitar plenamente o fato que você *existe*. Eis a afirmação cristã. Isso significa que os negros podem dizer: "Meu Deus, o negro é lindo!" Isso é ser pleno e saudável. Quando os *gays* podem dizer: "Estou orgulhoso de ser quem eu sou e não tenho medo de viver quem eu sou com integridade", isso é liberdade. Quando uma mulher diz: "Não serei definida por um homem, e especialmente por uma tradição que me vê como subumana e subserviente", ela está livre. Quando um homem diz: "Serei tudo o que posso ser como homem", então temos um todo, uma nova criação. É a respeito de tudo isso que é a vida no Espírito. Eis porque eu permaneço na profissão da fé cristã. E também é por isso que eu defendo as causas dos direitos civis, da igualdade para as mulheres e da igualdade para os *gays* e as lésbicas. Minha atual batalha é eliminar o anti-semitismo que se acha tão profundamente arraigado nas escrituras cristãs. Tudo o que desumaniza outra pessoa viola o evangelho.

Gay Lynn: O senhor conhece a história da "Galinha dos ovos de ouro". Como nos vê dando à luz nossos ovos de ouro?

Bispo Spong: Minha imagem do papel da igreja na vida envolve a construção de um ambiente no qual as pessoas possam ser tudo o que Deus as criou para ser. As pessoas têm pensado que a maneira de nos tornarmos semelhantes a Cristo consiste em imitar Jesus. Jesus foi Cristo porque ele foi tudo o que estava destinado a ser. Você e eu seremos semelhantes a Cristo quando nos tornarmos tudo aquilo que estamos destinados a ser. Eu não fui criado para ser Jesus. Fui criado para ser Jack Spong, e quero ser tudo o que Jack Spong pode ser. Quero subir às alturas e sondar as profundezas da vida. Quero amar as realidades da vida e exercer o poder que eu tenho de tal maneira que cada pessoa no mundo possa ser livre para ser ela mesma. Essa é a maneira como eu vejo o ser humano dando à luz seus ovos de ouro.

Não há nada
de errado
em ser uma criatura
dotada de
espírito e de sexo.

Pat e Jack Barker

Kansas City, Missouri

Reverendos Jack e Pat Barker: O Poder da Parceria

Encontramo-nos com Jack e Pat Barker, ministros da Unity que servem em Cincinnati, Ohio, na conferência da Association of Unity Churches, em Kansas City, Missouri. Pat estava dirigindo um encontro como presidente do Board of the Association of Unity Churches. Começamos a entrevista com Jack, e Pat juntou-se a nós depois que o encontro de que participaria foi adiado.

Como amigos e colegas, Pat e Jack têm participado com sua alegria de nossas vidas e de nossas jornadas espirituais. Decidimos entrevistá-los porque vimos neles um belo exemplo de respeito ao Feminino e ao Masculino Divinos dentro de si mesmos e do outro. Num casamento que já dura 30 anos, e num co-ministério que floresce há mais de 27 anos, eles têm demonstrado ser o modelo da parceria, que é igualmente respeitosa, amorosa e duradoura.

Gay Lynn: É possível que Jesus tenha sido casado?

Jack: Se Jesus não fosse casado, estaria violando a política hebraica para o rabino. Donovan Joyce demonstrou sistematicamente, em seu livro *The Jesus Scroll*, quem era a esposa de Jesus, quem era o filho deles — pelo menos um deles que conhecemos — e todo o processo que pode dar veracidade ao fato.

E sendo, até certo ponto, um estudioso da Bíblia — eu não me considero um especialista —, eu me perguntei: "Deixei escapar isso?" Mas o livro descreve essas coisas do ponto de vista da tradição hebraica, a respeito da qual eu nada sabia. Mas as histórias estão aí.

David: Em que medida é relevante para a nossa vida, hoje, a idéia de que Jesus tinha uma esposa, uma parceira?

Jack: Bem, isso é importante para mim, porque sugere ou substancia o fato de que a tradição judeu-cristã apagou o feminino da literatura. Eles expulsaram as mulheres do sacerdócio. Eles as denegriram. E eles as tornaram menos importantes. E que impacto isso não teve na nossa sociedade e no papel das mulheres daquela época em diante! Naturalmente, você sabe que estamos nessa batalha diariamente. Estamos nessa luta para, de alguma maneira, trazer o Feminino Divino, o mistério, o misticismo de volta à nossa religião.

Isso é importante para mim, porque sugere ou substancia o fato de que a tradição judeu-cristã apagou o feminino da literatura. Eles expulsaram as mulheres do sacerdócio. Eles as denegriram. E eles as tornaram menos importantes. E que impacto isso não teve na nossa sociedade e no papel das mulheres daquela época em diante! Naturalmente, você sabe que estamos nessa batalha diariamente. Estamos nessa luta para, de alguma maneira, trazer o Feminino Divino, o mistério, o misticismo de volta à nossa religião.

Um dos principais focos de atenção para a Unity e para a religião em geral consiste em encarar a humanidade e indagar: "O que fizemos a nós mesmos?" Como privamos as mulheres de seus direitos, 50% da nossa população? Em conseqüência disso, elas perderam sua importância. Acredito que grande parte dos males da humanidade tem sua origem no fato de termos posto de lado as mulheres e o feminino. Temos permitido a brutalidade contra as mulheres, nós as temos relegado a papéis subservientes, e isso realmente tornou as coisas muito confusas! Creio que nossa sociedade seria muito mais amorosa, gentil e educada se não tivéssemos perdido o Feminino Divino, e já está na hora de trazê-lo de volta.

David: Fizemos pesquisas que sugerem que as mulheres eram discípulas.

Jack: Havia mulheres discípulas, mas você não saberia disso a menos que tenha lido a Biblioteca de Nag Hammadi ou *Os Manuscritos do Mar Morto*.* Alguns os descartam. Eles dizem: "Ora, isso é coisa dos gnósticos. Eles não sabiam o que estavam fazendo." Mas eles realmente sabiam o que estava acontecendo em sua época. E graças a eles podemos dizer: "Mulheres discípulas... no final das contas, essa não é uma idéia tão forçada assim."

Gay Lynn: O Evangelho de Felipe dizia que "a companheira do Salvador era Maria Madalena. Porém Cristo a amava mais que aos outros discípulos, e cos-

* Publicado pela Editora Cultrix, São Paulo, 1989.

tumava, freqüentemente, beijá-la na boca. Os outros discípulos ficavam ofendidos... e lhe disseram: 'Por que você a ama mais que a todos nós?' O Salvador respondeu-lhes dizendo: 'Por que não amo vocês como a amo?'" Esse é um retrato revigorante de um Jesus humano, que partilhava seu amor com Maria Madalena.

David: De que maneiras práticas você tem traduzido isso em seu ministério?

Jack: Nós abolimos o uso do gênero em nossa linguagem. Deus não é preponderantemente Pai/Mãe. Em vez de usar as palavras masculinas e femininas, com as quais muitos não se sentem à vontade, tomamos Deus como princípio, como essência, que é subjacente a tudo. A isso não se aplica gênero. Sob essa perspectiva, abolimos o gênero de nossos hinos e, antes de lermos as Escrituras, nós as reescrevemos. Eliminamos a linguagem específica masculina ou não a utilizamos. Se o texto não se presta a ser literalmente alterado, fazemos uso de algo mais. Em tudo o que fazemos, mudamos a linguagem, e não apenas porque minha parceira é uma mulher. Tentamos fazer disso parte incondicional de nosso ministério. Isso a tal ponto que, quando se canta na igreja um hino que não foi alterado, ouvimos comentários das mulheres da congregação. Creio que precisamos estar dez passos à frente no uso da linguagem.

Linguagem sem gênero é uma linguagem que tem um sentido geral na maneira como a utilizamos. Em vez de dizer "ele" ou "ela", usamos "nós" e "nossos". Assim, "Pai nosso" torna-se "Deus nosso". Usamos uma linguagem que inclui a todos e não deixa ninguém de fora.

Linguagem sem gênero é uma linguagem que tem um sentido geral na maneira como a utilizamos. Em vez de dizer "ele" ou "ela", usamos "nós" e "nossos". Assim, "Pai nosso" torna-se "Deus nosso". Usamos uma linguagem que inclui a todos e não deixa ninguém de fora.

David: Você diria que, na sua vida pessoal, em família e no casamento, a inclusão do feminino dá um sentido mais amplo?

Jack: Sem dúvida. Como homem — e só posso falar a partir dessa perspectiva — ela abriu na minha natureza mais do que eu teria pensado ser possível. E fez com que eu reexaminasse o que eu sou como homem. Há um lado meu, de homem judeu-cristão, que nem sequer considerava um Feminino Divino como um aspecto presente em mim. De repente, tornei-me ciente de todo um lado da minha natureza para o qual nunca olhara. Comecei a fazer uma auto-avaliação: "Serei capaz de permanecer em contato com essa parte de mim mesmo?" Freqüentemente, a resposta é "não", pois o outro lado está tão profundamente arraigado que eu chego a me perturbar com isso. Mas, pelo menos, estou ciente da parte Feminina Divina de mim mesmo, e reconheço quando estou fora de sintonia com ela. É um avanço muito positivo na longa estrada. Mesmo quando cometo um engano — "Epa, você fez isso de novo!" — eu o reconheço, e tento, com mais vigor, mudar conscientemente o velho padrão. Isso me tornou ciente de um lado da minha natureza com o qual eu nunca havia entrado em contato, e estou tentando fazer isso diariamente.

[A partir daqui, Pat juntou-se a nós na entrevista.]

Gay Lynn: Você pode responder a isso, Pat? Como seu relacionamento com Jack foi afetado por essa concepção?

Pat: Quando um homem está inclinado a olhar para o Feminino Divino dentro de si, ele dá mais segurança à sua companheira, e lhe proporciona mais força para que ela se volte para o Masculino Divino em seu próprio eu, a fim de se tornar uma pessoa mais equilibrada. Nós dois estamos mais felizes graças à nossa disposição de observar diferentes aspectos do divino um no outro.

Quanto ao ministério, isso ajuda de maneira sutil à congregação que servimos. Se há um Feminino Divino bem como um Masculino Divino, e Deus não tem sexo, precisamos abordar todos os aspectos de nossa natureza como um todo, e não apenas considerar a maneira estreita de nos aproximarmos de Deus como masculino.

David: Vocês podem nos dar exemplos da maneira como modelam e projetam essa mensagem para a congregação em seu ministério conjunto?

Jack: Nosso ministério tem sido um equilíbrio das energias masculina e feminina. Fui muito influenciado por Pat, e ela me ajudou a desenvolver um novo padrão para harmonizar o que faço.

Numa época de minha vida — dez ou vinte anos atrás — eu teria lidado com algumas situações de maneira totalmente diferente. Pat ajudou-me não apenas a ficar ciente do Feminino Divino, mas também a me equilibrar por meio dele. Isso me mudou muito! E o que Pat me ajudou a realizar, eu espero que, juntos, consigamos transmitir para a nossa congregação.

Pat: Acho que já conseguimos isso de maneira considerável. Há um grande número de profissionais em nossa congregação, e um casal de advogados que freqüenta nossa igreja disse-me que isso proporciona grande equilíbrio a suas vidas. Durante toda a semana, eles enfrentam as situações do dia-a-dia a partir do lado ríspido, ditatorial e patriarcal de si mesmos, e ir à igreja os ajuda a equilibrar o lado que está mais harmonizado com suas naturezas amorosa, compassiva e receptiva.

Penso que o fato de estarmos querendo, dia após dia e ano após ano, partilhar e harmonizar, tão equitativamente quanto pudermos, o fato de existirem outras maneiras de se olhar para Deus, para os relacionamentos e para a vida, ajuda as pessoas a reconhecerem sua própria totalidade.

Creio que eu sou mais completa devido à maneira como partilhamos em nosso ministério e na nossa vida, bem como em nossas experiências na congregação.

David: São muito poucas as igrejas onde as pessoas podem entrar e ver um homem e uma mulher celebrando o culto como parceiros iguais — espiritual, humana e profissionalmente falando. Temos uma característica distintiva singular e isso exerce grande impacto sobre as pessoas.

Jack: Sim. Na verdade, algumas pessoas nos têm dito que acham nosso ministério especialmente significativo para suas vidas porque podem dizer a seus amigos: "Fiquem sabendo que temos tanto o masculino como o feminino representados em nossa igreja, e ambos são respeitados."

Pat: Ambos os aspectos do nosso ser são igualmente respeitados, e creio que isso é muito importante. Estamos vivendo uma época maravilhosa. Olho para nossa filha, hoje com 30 anos, e vejo uma jovem profissional, vice-presidente de um banco. É uma posição de muita responsabilidade para alguém de sua idade — mas sinto que ela tem uma maneira de ser muito equilibrada. Ela tem observado ao longo dos anos que é bom ser forte, mas também controlada, compassiva e inteligente, amorosa e firme — sem agressividade. Creio que ela se destacou em sua carreira porque perceberam essas qualidades nela.

Espero que os homens mais jovens de nossa congregação respeitem seu lado feminino e as mulheres mais jovens respeitem seu lado masculino de maneira mais equilibrada.

Gay Lynn: Acreditamos que seja a partir dessa natureza equilibrada dentro de nós que damos à luz. Você pode partilhar conosco alguns exemplos disso?

Pat: Nos serviços dominicais que criamos, há uma dança de energia que partilhamos um com o outro. Ela serve de fermento para dar nascimento a esse espírito que partilhamos juntos.

Jack: Todos os nossos serviços são desse tipo. Eles provêm de nossa consciência coletiva e não de apenas um de nós. Desenvolvemos nossos serviços dessa maneira.

Gay Lynn: O que você reconhece como sendo o próximo salto na consciência para a evolução humana?

Pat: Passamos os últimos 300 ou 400 anos aperfeiçoando nossas ciências, almejando viver de maneira mais confortável, fabricando grandes coisas. E ainda não estamos satisfeitos. Não somos gentis nem compassivos uns para com os outros. Para mim, isso se deve ao fato de termos deixado de lado o feminino, o elemento compassivo por excelência. Nós o eliminamos da história. Chegou a hora de o recolocarmos em seu lugar para que tenhamos mais equilíbrio.

Gay Lynn: Se realmente estamos atuando de maneira agressiva e dogmática, como podemos equilibrar isso em nossas vidas?

Pat: Quando as pessoas são agressivas, sejam homens ou mulheres, isto se deve à insegurança de não saberem quem realmente são. Elas sentem que devem mostrar desempenho, pôr-se em evidência, vencer a todo custo. Quando chegam a compreender que não importam as realizações exteriores ou o fato de se vencer uma corrida, que no fundo delas existe algo que não tem preço, que é valioso e sagrado, elas então se convencem de que não têm de provar nada a ninguém. Elas não têm de competir, nem de entrar na corrida ou ganhar medalhas. Isso as encoraja a olhar para sua natureza interior e para o seu valor como pessoa — não a escondendo da parte afetuosa e compassiva de si mesmas.

Quando as pessoas são agressivas, sejam homens ou mulheres, isto se deve à insegurança de não saberem quem realmente são. Elas sentem que devem mostrar desempenho, pôr-se em evidência, vencer a todo custo.

David: Qual é a sua resposta a algumas das pesquisas que sugerem que Jesus era casado?

Pat: Acho positivo saber que "aquele-que-mostra-o-caminho" viveu o tipo de vida que vivemos. O fato de saber que ele lidava com os mesmos desafios e que estava ciente do que era ter um relacionamento humano, bem como um relacionamento santo e sagrado com Deus, é realmente reconfortante. Assim, posso fazer também com que o meu trabalho de vida seja mais bem-sucedido.

Jack: O padre que dizia à mulher que ela devia ter outro filho, que ela não podia praticar o controle da natalidade ou que não podia sair de um casamento infeliz devido às doutrinas da igreja — tudo isso provém de uma pessoa que nunca participou desse modo de vida. Vivi um grande conflito nesse aspecto. Quem eram eles para me dizer o que fazer, se eles mesmos nunca o tinham experimentado?

Descobrir que aquele que dizia: "Amai-vos uns aos outros" estava praticando isso da maneira como cada um de nós o tem feito na realidade essencial do contato diário que temos uns com os outros, tornou as coisas muito mais significativas.

Gay Lynn: Se Jesus fosse casado, ele provavelmente teria se relacionado sexualmente. Temos uma porção de problemas devido à maneira como nossa sexualidade foi cindida e não foi plenamente assumida.

Pat: John Shelby Spong fez um trabalho maravilhoso a esse respeito em *Living in Sin: A Bishop Rethinks Human Sexuality*. Jack e eu demos uma aula sobre isso em nossa igreja. Isso implica encarar nossa própria sexualidade humana e os mitos com os quais estivemos vivendo por força da nossa formação judeu-cristã e das escrituras hebraicas. Ele acaba com esses mitos e nos permite conceber nossa sexualidade a partir de uma perspectiva muito diferente. E contempla a maneira como as mulheres têm sofrido abusos ao longo da história, e como elas têm aceito esses abusos devido a essa mesma formação judeu-cristã e às escrituras hebraicas.

David: Como isso nos afeta quando temos um filho celibatário e uma mãe virgem como modelos a seguir?

Jack: Isso confunde nossas vidas! Realmente confunde.

Pat: É tão irreal!

Jack: Se existe esse caráter especial a respeito deles, então, para mim, isso os torna irrelevantes. Dizer que essas duas pessoas eram especiais nesse sentido é estabelecer conflitos que não podem ser resolvidos porque não podemos nos relacionar com eles.

Gay Lynn: Desse modo, um Jesus com uma sexualidade torna-o mais relevante para nossas vidas?

Jack e Pat: Oh, sim!

Pat: Porque se ele lidou com problemas em sua própria vida e chegou ao cerne de si mesmo pelo qual foi conseqüentemente transformado, então eu também tenho esperança. Todos nós temos esperança de tocar esse mesmo cerne, expandirmo-nos para dentro dele e descobrir que nossas vidas são transformadas da mesma maneira.

Gay Lynn: Portanto, se nossa sexualidade e nossa espiritualidade não estão em compartimentos separados, como vivemos isso em nossas vidas cotidianas?

Jack: Precisamos estar cientes de que isso não é algo separado da nossa vida espiritual. Se as pessoas respeitassem a própria sexualidade como parte de sua espiritualidade, isso transformaria imediatamente o abuso que se comete em nome de concepções errôneas. Se você fizesse de cada experiência sexual uma experiência espiritual de totalidade, isso realizaria a totalidade nas pessoas envolvidas. Colocaríamos nossa sexualidade e nossa espiritualidade num nível inteiramente diferente.

Não estaríamos usando ou abusando do outro. Tudo isso seria transformado e seria realizado como um ritual.

Pat: Ou como uma dádiva de amor, ou como um reconhecimento de santidade.

David: É comum as pessoas pensarem que, como ministros, não temos vida sexual. Supõe-se que não devemos falar sobre sexualidade na igreja, sobre coisas provenientes de nossa "natureza inferior".

Jack: Descartaríamos de imediato essa afirmação de que nossa sexualidade tem algo a ver com nossa natureza inferior. Sou um ser espiritual que tem uma experiência humana, e tudo na minha experiência humana torna-se espiritual graças a quem eu sou como ser espiritual. Corrigiremos essa concepção e jogaremos fora esse tipo de ensinamento de uma vez por todas. Não temos de falar a respeito de nossa vida sexual no domingo, mas certamente podemos abordar em nossas igrejas a glorificação do fato de que "sou um ser espiritual que tem uma experiência humana, e isso inclui a minha sexualidade".

> **Precisamos estar cientes de que isso não é algo separado da nossa vida espiritual. Se as pessoas respeitassem a própria sexualidade como parte de sua espiritualidade, isso transformaria imediatamente o abuso que se comete em nome de concepções errôneas. Se você fizesse de cada experiência sexual uma experiência espiritual de totalidade, isso realizaria a totalidade nas pessoas envolvidas. Colocaríamos nossa sexualidade e nossa espiritualidade num nível inteiramente diferente.**

Pat: E não podemos desenredar nossa sexualidade de nossa expressão humana. É uma dádiva, e reconhecê-la plenamente é respeitá-la. Como Jack disse, ela se torna uma experiência sagrada, e não algo empírico ou feito com luxúria.

Gay Lynn: Vemos que se faz uma separação entre espírito e matéria. O espírito é bom e a matéria é considerada má, carnal, pertencente à carne.

Pat: Como pode ser assim? Tudo vem de Deus!

Jack: Hoje, na física quântica, já ultrapassamos a idéia de que o átomo é a menor das partículas, e estamos caminhando para níveis cada vez mais profundos. Em nossa estrutura atômica, somos espaço em nossa maior parte, e todo esse espaço está repleto de Deus. E toda a matéria de que somos compostos tem dentro de si substância vital e inteligência. Estamos espiritualizando tudo porque somos seres espirituais. O espírito já fez isso para nós. O que precisamos fazer é reconhecer que ele está aí. Tornamo-nos cientes de que somos esse espírito que nos anima!

Uma Mulher Espera Por mim

Uma mulher espera por mim; ela contém tudo, não lhe falta nada,
No entanto, tudo estaria faltando se o sexo estivesse faltando ou
se a umidade do homem certo estivesse faltando.
O sexo contém tudo, corpos, almas,
Significados, provas, purezas, delicadezas, resultados, promulgações,
Canções, comandos, saúde, orgulho, o mistério da maternidade,
o leite seminal,
Todas as esperanças, benefícios, favores, todas as paixões, amores,
belezas, delícias da terra,
Todos os governos, juízes, deuses, pessoas a quem se segue na
terra
Estão contidos no sexo como partes de si mesmo e justificações de
si mesmo,
Sem sentir vergonha, o homem de quem eu gosto sabe e confessa a
delícia do sexo dele;
Sem sentir vergonha, a mulher de quem eu gosto sabe e confessa a
delícia do sexo dela.

LEAVES OF GRASS
POR WALT WHITMAN

7

É Preciso Nascer de Novo, de Novo e de Novo

É preciso nascer de novo, de novo e de novo

Vivo hoje na Terra,
E não sei o que sou.
Sei que não sou uma categoria.
Não sou uma coisa – um nome.
Pareço ser um verbo,
um processo evolutivo –
uma função integral do universo.

(Velha ordem do mundo:)
Newton: um corpo persiste num estado de
repouso ou de movimento constante a menos que seja
afetado por outros corpos. A condição
normal de todas as coisas é a inércia.
(Nova ordem do mundo:)
Einstein: todos os corpos estão sendo constantemente
afetados por outros corpos. Sua condição
normal é o movimento e a mudança contínuos.

I SEEM TO BE A VERB
POR BUCKMINSTER FULLER

Todos vocês já ouviram a expressão: "É preciso nascer de novo." Vocês a vêem a todo momento em quadros de avisos, em adesivos para automóveis e em folhetos religiosos. Algumas pessoas alegam que nasceram de novo e perguntam se você nasceu também. Isso se refere apenas a uma experiência particular ou tem um significado mais amplo como uma renovação constante da vida? Todos nascemos do ventre de nossas mães, mas o que é esse processo de nascer novamente?

Uma discussão maravilhosa ocorreu entre Jesus e o perspicaz fariseu Nicodemos (João 3:1-21). Nicodemos é um líder religioso de elevada posição e autoridade, membro do sinédrio governante, a mais alta corte e conselho da antiga nação judaica. Ele vem ter com Jesus à noite, sob o manto da escuridão, presumivelmente para escapar à atenção dos mexeriqueiros, que de outro modo poderiam vê-lo procurar o polêmico mestre e agente de cura que viera da Galiléia.

Nicodemos reconhece que esse homem, Jesus, devia ter encontrado algo, pelos resultados que obteve ao trabalhar com as pessoas. Jesus vê que Nicodemos é um buscador, e eles se empenham numa conversa fascinante a respeito de quem somos e de como nos desenvolvemos e crescemos. Jesus conta ao fariseu que temos de nascer de novo (de novo e de novo), abandonando nossa velha maneira de pensar, de sentir, de agir e de reagir. Nicodemos devia ter sido instruído em tradições, costumes, hierarquias e rígidas maneiras de pensar e de fazer as coisas, e Jesus podia perceber isso.

Nicodemos tem dificuldades para entender como podemos nascer novamente e pergunta como uma pessoa já adulta é capaz de voltar ao útero materno para nascer uma segunda vez. Ele vê a si mesmo como um corpo físico que provém de sua mãe. Jesus vê a si mesmo e a Nicodemos como seres plenos — de Espírito, alma, corpo — que continuamente dão à luz a si mesmos.

Jesus quer dizer, com isso, que nossos pais tornaram possível a nós adquirir uma forma física, um corpo. Todos nós nascemos de uma mulher, ele inclusive. (Pelo menos, Jesus nunca afirmou ter nascido de outra maneira que não a maneira natural como todos nascem neste mundo.)

Temos este corpo — uma maravilhosa encarnação de vida energética em carne e sangue. Nossos pais possibilitaram a formação do nosso corpo e nosso nascimento na forma humana sobre este planeta.

Eles podem ter-nos dito: "Dei-lhe a vida." Isto é: "Nossos corpos se uniram e o criaram, deram-lhe vida, 'fizeram' você. Fizemos um bebê, e ele é 'você'." Se eles tivessem alguma forte necessidade de domínio, poderiam até mesmo acrescentar culpas e obrigações ocasionais, algo como: "Nós lhe demos sua vida e você nos deve isso."

Citando Kahlil Gibran, em *O Profeta*:

Seus filhos não são seus filhos.
São os filhos e as filhas
do anseio da vida por si mesma. Eles vêm
através de você, mas não de você,
e embora estejam ao seu lado,
não lhe pertencem.

Você pode ter a honra e a alegria de ajudar no nascimento e na criação dos filhos. Por meio do amor e da sabedoria, satisfaz sua relação parental como guia, modelo, protetor, professor, ajudante, conselheiro, colega e amigo. Você compreende que há muito mais na relação entre pai e filho do que ter um bebê.

Nicodemos percebe a si mesmo como um ser físico que veio de sua mãe. Jesus o vê como uma pessoa plena que nasceu de Deus *através* de sua mãe e de seu pai, e que agora está dando à luz a si mesmo continuamente. Você deve nascer de novo, de novo e de novo. Jesus tenta fazer Nicodemos compreender o eterno parto que pode ocorrer no processo de auto-renovação. Você dá vida ao seu corpo de acordo com sua consciência da Vida do Espírito e com sua capacidade para deixá-la fluir através de você como o vento flui através das árvores. "Não vos admireis", diz Jesus a Nicodemos e a nós, "de eu vos dizer: importa-vos nascer do alto (ou de novo). O vento (ou o 'Espírito') sopra onde quer; ouvis sua voz, mas não sabeis donde vem, nem para onde vai; assim é com todo aquele que é nascido do Espírito." (João 3:7-10 NRSV). Como o antigo filósofo chinês Lao-Tsé, Jesus tem a introvisão do fluxo criativo da vida.

Esvazie a si mesmo de tudo.
Deixe que a sua mente permaneça em paz.
As dez mil coisas ascendem e caem
enquanto o Eu observa o seu retorno.
Elas crescem e florescem
e então voltam à fonte.
O retorno à fonte é quietude,
que é o caminho da natureza.
E embora o corpo morra,
o Tao nunca partirá.

TAO TE CHING
LAO-TSÉ

> **Sua vida é uma jornada contínua, que se renova, que passa por muitos estágios, ciclos, passagens, amores, trabalhos, mortes, despedidas, realizações, regenerações, renascimentos.**

Esteja nesse fluxo renovador e curativo, aconselha Jesus. Você *é* a Vida do Espírito procurando expressar a totalidade através de você, sempre mais plenamente *como* você. O caminho para viver e para amar bem envolve muitos renascimentos.

Você nasce de novo, de novo e de novo. Sua vida é uma jornada contínua, que se renova, que passa por muitos estágios, ciclos, passagens, amores, trabalhos, mortes, despedidas, realizações, regenerações, renascimentos.

A cura básica, a introvisão transformadora é a de que *eu* dou vida a meu corpo; não é ele que dá vida *a mim*. Eu *sou* a vida que o meu corpo expressa. Estou, diariamente, dando à luz o meu corpo e a minha vida.

Uma vez que o fato de renascer tem sido considerado por muitos como necessário para a salvação, é preciso que analisemos o que isso realmente significa. Salvação vem da palavra grega *salvos*, que significa "curar ou tornar completo". Dela origina-se também a palavra "pomada" [*salve* em inglês], um ungüento curativo. Não há indicação de que signifique ser salvo de punição numa pós-vida ou mesmo de que se tem de aceitar Jesus Cristo como Salvador. A palavra "salvador" pode tomar um significado diferente para você se souber que ela significa "pessoa que cura" ou "aquele que ajuda a trazer a totalidade". Totalidade e santidade* são, aqui, a mesma coisa.

Outra afirmação muito conhecida segue-se ao encontro de Nicodemos com Jesus. Muitos estudiosos acreditam que essa passagem tenha sido acrescentada, e não diretamente enunciada por Jesus. No entanto, desde que vem sendo tão extensamente citada, em geral numa tentativa de forçar as pessoas a serem salvas de uma determinada maneira, precisamos considerá-la não como uma afirmação doutrinária utilizada para intimidar, mas como outro sábio ensinamento a respeito de nosso processo de nascimento eterno. Eric Butterworth comenta com aguçada introvisão esse conhecido texto:

> *O versículo das Escrituras mais comumente proferido pelos pregadores cristãos "salvacionistas" tem sido o de João 3:16: "Porque Deus amou o mundo de tal maneira que deu o seu Filho unigênito, para que todo o que nele crê não pereça, mas tenha a vida eterna."(KJV) Isto tem sido citado como prova positiva da divindade de Jesus, e de sua designação divina como Filho de Deus. No entanto, repare como isso assume um novo significado quando o vemos através da idéia de Meister Eckhart, um dos grandes místicos cristãos da Idade Média. Ele diz que Deus nunca gerou um Filho, mas o eterno está sempre gerando o único gerado.*

* Em inglês, essas duas palavras, *wholeness* e *holiness*, são pronunciadas de maneira bastante semelhante (N. T.).

O "único gerado" é o humano espiritual, a natureza de Cristo, o princípio da divindade da humanidade. O "único filho gerado" é aquele que é gerado apenas *de Deus. Há, em todos nós, aquilo que é gerado por muitas fontes. Uma pessoa pode ser gerada por um pai alcoólatra e, desse modo, pode parecer que ele retoma seus traços de fraqueza. Outros podem ser gerados de ancestrais que têm o histórico de uma determinada doença, e eles então aceitam isso como seu quinhão na vida. E muitos de nós são subconscientemente gerados da exploração pela publicidade nos jornais, nas revistas, no rádio e na TV — de modo que desenvolvemos as motivações que o comércio está cultivando para o seu próprio lucro.*

Mas João 3:16 diz: "O amor de Deus é tão grande, a sabedoria de Deus tão infinita, que Deus tem dado à humanidade aquilo que é tão puro e perfeito, aquilo que é gerado apenas *por Deus. Não importa o que possamos sentir, você é filho de Deus, e sempre terá dentro de si o potencial infinito de Cristo.*

"Aqueles que acreditam nisso a respeito de si mesmos — realmente acreditam que são 'a entrada e podem tornar-se a saída de tudo o que há em Deus' — não morrerão, mas terão vida eterna." Essa não é uma prova da divindade de Jesus. É, em vez disso, uma reafirmação de sua descoberta da divindade da humanidade, que ele comprovou. Ele descobriu isso em si mesmo, que foi gerado apenas por Deus, e acreditou nisso tão completamente que nem mesmo a morte e o túmulo poderiam retê-lo.

Discover the Power Within You
Eric Butterworth, 1968, Harper Collins

Meister Eckhart disse certa vez:

Que bem me fará
se esse eterno nascimento do Filho divino
que acontece incessantemente
não acontecer
dentro de mim?

E
que bem me fará
se Maria estiver cheia de graça

e eu não estiver cheio de graça?
Que bem me fará
o fato de o Criador dar à luz seu Filho
se eu não fizer com que ele nasça
na minha época
e na minha cultura?
Isto, então,
é a plenitude dos tempos:
Quando o Filho de Deus
é gerado
em nós.

MEDITATIONS WITH MEISTER ECKHART
MATTHEW FOX, BEAR & CO.

Trabalhe com essas afirmações e nasça de novo e de novo:

Sou gerado por Deus.

Valorizo e celebro a mim mesmo como um filho de Deus que está em crescimento.

Nasço de novo, de novo e de novo.

Não sou fixo, estático ou estanque, mas livre para crescer em plenitude.

Sou gênese e sou gênio.

O Criador (o processo criativo) está sempre, eternamente, em nascimento em mim.

Estar nesse
estágio do parto
é estar num espaço
onde não há mais
controle.

Patricia Sun

Berkeley, Califórnia

Patricia Sun: Dar à Luz a Nós Mesmos com Naturalidade

Fomos recebidos na casa de Patricia Sun, situada no alto das colinas de Berkeley, na Califórnia. A psicóloga transpessoal e conferencista sobre parto natural da Universidade da Califórnia, em Berkeley, partilhou conosco suas reflexões a respeito dos processos de parto físico e metafísico.

Patricia: Quanto mais sabedoria tivermos a respeito do processo de parto, maior será nossa capacidade de nos centralizarmos em nós mesmos. Não teremos medo, e nos moveremos com confiança no decorrer de cada estágio, percebendo claramente a ascensão de uma nova vida dentro de nós. A psicologia e a fisiologia de um parto real é espelho do mesmo processo criativo pelo qual precisamos passar. Tanto numa quanto na outra, cometemos alguns dos mesmos enganos devidos à nossa maneira de pensar.

Há uma nova forma de reter a realidade, as informações, de utilizar os dois hemisférios do cérebro de modo que eles trabalhem juntos, com mais respeito um pelo outro. Esse é o próximo nível de pensamento, quando sua mente intuitiva e sua mente lógica linear não lutam uma com a outra. Quando ambas estão maduras em nós, respeitamos os diferentes estilos e tomamos consciência deles, o que cria um salto quântico en nossa percepção. Os estágios reais do dar à luz constituem uma metáfora para o tornar-se consciente, para o dar nascimento a si mesmo, de um estado para outro.

> Os estágios reais do dar à luz constituem uma metáfora para o tornar-se consciente, para o dar nascimento a si mesmo.

Gay Lynn: Como podemos iniciar esse processo de amadurecimento e respeitar tanto a nossa mente intuitiva como a nossa mente lógica, ou o que chamamos de Feminino Divino e de Masculino Divino?

Patricia: O movimento para o próximo nível exige o respeito pelo tempo de gestação e pela ligação, quando parece que nada está acontecendo. Em geral, arrancamos a semente e perguntamos: "Será que as raízes já estão crescendo?" E com isso a estamos destruindo e rompendo a ligação. O principal inimigo do nascimento é o trabalho de parto prematuro. Trata-se do trabalho de parto que começa antes que a gestação esteja completa.

> O movimento para o próximo nível exige o respeito pelo tempo de gestação e pela ligação, quando parece que nada está acontecendo. Em geral, arrancamos a semente e perguntamos: "Será que as raízes já estão crescendo?" E com isso a estamos destruindo e rompendo a ligação. O principal inimigo do nascimento é o trabalho de parto prematuro.

Gay Lynn: É fácil relacionar isso com nossas vidas. Temos um sonho, uma idéia, uma maneira como gostaríamos de nos ligar com o mundo e com as pessoas a nosso redor, e precisamos proteger isso durante um período de gestação, a fim de se tornar vital e forte e adquirir vida própria. Em geral, compartilhamos prematuramente um plano, um desejo, uma necessidade de abandonar velhos medos e hábitos, e nos defrontamos com observações como: "Você deve estar brincando!", "Você não pode fazer isso!", "Quem você pensa que é?", "Por que você quer fazer isso?" Comentários desse tipo lesam a nova vida que sabe intuitivamente quando precisa nascer. O que você está dizendo é que precisamos deixar essa idéia em desenvolvimento ganhar sua plenitude e nascer naturalmente, quando estiver pronta para isso.

> Isso envolve confiança em Deus, na natureza, no universo e em nós mesmos, e temos muito pouca confiança em tudo isso. Estamos numa condição de controle ou numa condição de desespero. O pensamento linear teme o pensamento intuitivo. Ele se sente ansioso, quer conhecer o plano, a jornada, o que virá em seguida. A impaciência sempre retarda a evolução das coisas.

Patricia: Sim, e isso envolve confiança em Deus, na natureza, no universo e em nós mesmos, e temos muito pouca confiança em tudo isso. Estamos numa condição de controle ou numa condição de desespero. O pensamento linear teme o pensamento intuitivo. Ele se sente ansioso, quer conhecer o plano, a jornada, o que virá em seguida. A impaciência sempre retarda a evolução das coisas. Como se dizia antigamente, devagar é pressa. A maneira de ganhar tempo é ser paciente, respeitar a natureza, o processo, os indivíduos, a si mesmo e a sua própria evolução. Assim, pode-se realizar uma ligação genuína, e você sente por intuição que ela pode ser realizada. Há uma gentil aguilhoada, de maneira que não temos de transformar isso num drama ou num desastre.

Relacionamentos baseados no respeito mútuo são essenciais. Se pudermos olhar para todos os relacionamentos, como pequenos nascimentos e, respeitosamente, nos relacionar com a outra pessoa e despender o tempo necessário para sentir e deixar que ela nos sinta e realmente saiba o que está se passando, então todas as coisas terão solução.

O selo de qualidade do salto evolutivo está sendo conectado e sintonizado, e é uma experiência recíproca, interativa. Quanto mais você optar por ela, mais ela oferecerá oportunidades para que as outras pessoas respondam a você da mesma maneira.

A recíproca é verdadeira com relação ao que eu chamo de energia da aliança. Se você usar um tom sarcástico, ou mesmo que não o faça mas estiver pensando: "Essa pessoa é uma idiota" — enquanto diz as palavras corretas — a pessoa se ofenderá com o que você disser, não o ouvirá totalmente ou ficará na defensiva. Então você estará na dança da vítima ou do vilão e o respeito pelo indivíduo irá embora, e também o dele por você.

O que acontece é que estamos constantemente dando à luz a parte adulta de nós mesmos, que está cuidando das partes machucadas e infantis de nossa natureza. Cada indivíduo neste planeta possui aspectos de sua personalidade que não são adultos. É importante estarmos cientes do fato de que todos nós estamos dando à luz nossa espécie.

Não podemos construir prisões em número suficiente para controlar todo comportamento inadequado. Curamos esse tipo de comportamento mudando-o em nós mesmos, tornando-o mais socialmente normal para ser saudável, em vez de socialmente normal para estar executando coisas obviamente inadequadas, como beber e abusar de crianças. Precisamos corrigir a nós mesmos.

David: A experiência do nascimento na vida de qualquer pessoa é um momento difícil. Pode-se consultar um médico apresentando sintomas dessa dificuldade, como: "Estou tendo um sono agitado", "Estou muito tenso e ansioso" ou "Estou deprimido e desorientado". Esses sintomas estão relacionados com as principais mudanças na vida ou com o novo nascimento que está para acontecer. O médico pode receitar medicamentos que fazem com que a pessoa se sinta melhor, como o obstetra pode anestesiar completamente a mãe de modo que ela não tenha de participar do nascimento do filho. A maioria dos partos, sejam eles físicos ou espirituais, funciona melhor quando a pessoa está consciente do que se passa e ligada ao processo. Estar presente e participante é mais compensador tanto para a pessoa em trabalho de parto quanto para quem está sendo trazido à luz. Não apenas ao passar por ele, mas também ao crescer e brilhar através dele, por difícil que isso possa ser.

Patricia: Em geral, tem-se muito medo do trabalho de parto. E o medo intensifica suas dores. Se olharmos para a dor com compreensão, haverá menos tensão, e quando participamos do processo, o nascimento se torna mais natural. No parto físico, a contração do músculo uterino, o principal músculo que ajuda no trabalho de parto, é involuntária. Normalmente, acreditamos não exercer qualquer influência sobre os músculos involuntários, mas podemos conseguir uma influência considerável sobre eles através do relaxamento, pois é o medo que enrijece esse conjunto de músculos.

Da mesma forma, temos respostas involuntárias à vida, que poderemos manipular de maneira muito mais efetiva respirando e relaxando corretamente.

Precisamos sentir-nos tranqüilos num ambiente com pessoas que nos transmitam segurança, paz, e que se preocupem conosco. Nosso íntimo sabe que ocorre apenas uma contração de cada vez.

À medida que mantemos a seqüência de contração, respiração e relaxamento, geramos naturalmente o que está sendo dado à luz. Creio que no nascimento e na morte estamos nos portais do entrar e do sair, e nesses pontos de transformação de nossas vidas estamos psiquicamente mais abertos.

Durante o parto, você tem de se lembrar de não empurrar com muita força. Quando você empurra com muita força, você entra nesse espaço desconectado e fora de equilíbrio, o que cria dor, causa danos e desacelera o processo.

Durante o parto, você tem de se lembrar de não empurrar com muita força. Quando você empurra com muita força, você entra nesse espaço desconectado e fora de equilíbrio, o que cria dor, causa danos e desacelera o processo. Os estágios reais do parto são uma metáfora para o tornar-se consciente, para o dar à luz a si mesmo. Se você começar a sentir um acúmulo de energia e ansiedade, você se sentirá desconfortável, amedrontado e sentirá dor. Estar nesse estágio do parto é estar num espaço onde não há controle. Deixe o momento fluir e refluir. Participe do momento e esteja ligado a ele conscientemente, fazendo o melhor que puder. Esta é, em última análise, a via da iluminação.

Gay Lynn: Somos obstetras espirituais e parteiros da alma, como dizia Sócrates. Ficamos em apuros quando queremos controlar o que sai e como irá sair e resistir ao fato de a vida nos abrir para uma dimensão mais ampla. Talvez forcemos alguma coisa ou alguém a ser algo a que não está destinado — tal como um relacionamento que forçamos para que seja, de certa maneira, o que provoca muito sofrimento em nós mesmos e nos outros. E se ele me abandonar? E se ela se apaixonar por outra pessoa? E se eu acabar ficando sozinho? E se ele não fizer o que eu quero que ele faça? E se ela trair novamente a minha confiança? E se eu lhe der um aperto para valer? O medo nos aprisiona e a janela do nascimento iluminado é fechada com estrondo.

Patricia: Precisamos abordar o nascimento sem violência ou controle, e quebrar esses vínculos a partir da percepção da ordem natural. Toda violência e todo controle estão relacionados com o estar inconsciente e com medo e, em geral, não estamos cientes de quem somos ou do nosso poder e da nossa capacidade. Acreditamos numa mentira terrível e cruel que nos foi contada, e essa mentira é ver a nós mesmos como impotentes. Temos um medo terrível desse lugar de rendição. Precisamos romper a barreira em direção à ordem natural, e então poderemos nos soltar e respirar com equilíbrio em meio ao pico das contrações da vida. É muito mais fácil atravessar esses lugares assustadores quando temos um coração aberto à ordem natural (ou a Deus). Podemos traçar nossos planos, podemos ser instruídos e até mesmo lógicos, mas, em última análise, podemos deixar tudo isso de lado e cooperar com a vida, e o que pode ter parecido uma crise terá sido, na verdade, um parto de introvisão e de crescimento divinos.

David: Quando as pessoas começavam a chorar durante as reuniões dos grupos de encontro e de sensibilidade, era comum alguém abraçá-las e tentar amenizar-lhes o pranto. No entanto, quando participei dos Journal Workshops com o dr. Ira Progoff, ele costumava erguer a mão para impedir que alguém se levantasse e fosse consolar a dor ou o pranto de outra pessoa. Com isso, ele deixava a pessoa, homem ou mulher, respeitar sua própria luta, sua aflição, seu processo de parto — fazendo-se presente com sua tristeza na dolorosa contração do trabalho de parto da vida. Até mesmo se apressar em oferecer a alguém em prantos um punhado de lenços de papel é uma maneira inconsciente de dizer: "Acabe com isso", ou "Limpe o rosto; você não vai querer ficar com o rosto todo sujo".

Patricia: E, não obstante, todos sabemos que o nascimento é perturbador. É ruidoso. E não é desprovido de sangue ou de suor, mas ainda assim é uma experiência mágica, e com freqüência podemos ver a magia da transformação à medida que levamos em conta a plena liberação da experiência. Algumas pessoas têm medo de se soltar — temem começar a chorar e não serem capazes de parar. É comum nós nos contermos, filtrarmos a experiência, impormos uma brusca intensificação dos bloqueios, aprisionando toda essa imensa energia que precisa ser liberada.

Às vezes, temos medo de ser esmagados — mas isso raramente ocorre, se é que alguma vez ocorreu. O oposto acontece quando fundimos nossos sentimentos com a compaixão e a percepção. Quando nos ligamos a nós mesmos e ao outro de uma maneira segura, confiante, protetora, podemos nos mover através das dores das contrações da vida, respirar, relaxar, liberar e fazer com que nasçamos para uma nova vida emocional de liberdade.

Dou à luz
paz interior
ao me livrar
do medo.

Dr. Gerald Jampolsky

Tiburon, Califórnia

Jerry Jampolsky e a Abundância da Criatividade

Observar o dr. Jerry Jampolsky hoje em dia e saber das incontáveis pessoas que ele tocou com amor e paz faz com que seja difícil acreditar que a vida desse psiquiatra, anos atrás, estivesse desmoronando devido ao alcoolismo, ao medo e ao ateísmo. Quando se encontrava nesse caminho de autodestruição, foi-lhe apresentada uma série de livros, *Um Curso de Milagres*. Depois de passar por um profundo despertar espiritual, Jerry, com a ajuda de muitas crianças e pais, formou redes de Attitudinal Healing (Cura de Atitude), compostas por jovens ameaçados por graves doenças.

Jerry é fundador do Center for Attitudinal Healing, em Tiburon, na Califórnia. Hoje, há mais de cem desses centros em metrópoles e cidades de todo o mundo. Requisitado internacionalmente para proferir conferências perante auditórios de médicos e leigos, Jerry também apareceu inúmeras vezes no circuito americano de programas de entrevistas. É autor de vários livros, que incluem *Love Is Letting Go of Fear*, *Teach Only Love*, *Goodbye to Guilt*, *There Is a Rainbow Behind Every Dark Cloud* e *Me First and the Gimme Gimmes*, em co-autoria com Diane Cirincione.

Jerry falou conosco em seu modesto consultório num cais em Tiburon, de frente para a baía de San Francisco.

Jerry: Eu gostaria de começar com uma prece extraída de *Um Curso de Milagres*. Estamos neste mundo apenas para ser úteis. Estamos aqui para representar aquele que nos enviou. Não temos de nos preocupar com o que havemos de dizer ou fazer, pois aquele que nos enviou nos guiará. Estamos felizes de estar onde vocês nos querem, sabendo que estarão lá conosco. E seremos curados quando deixarmos que vocês nos ensinem a curar. Ajudem-nos a dar passagem e a ser curados.

Gay Lynn: O que você aprendeu em sua vida e em seus relacionamentos a respeito de si mesmo e do processo de parto?

Jerry: Vejo o meu aprendizado como um processo de valorização da minha criatividade. Ingressei nesta vida sentindo como se tivesse alguns elos perdidos. Eu era dislético e costumava me sentar no fundo da classe. Os garotos percebiam que eu não sabia ler nem escrever, mas pensavam que eu era metido a valente, e não dislético. Eu me lembro de que no colégio obtive uma média C- ou D+. Naquele tempo, ainda se podia entrar na Universidade da Califórnia, em Berkeley, com essas notas. Mas era preciso prestar um exame de admissão, e eu fui reprovado. Por isso tive de fazer um curso de inglês para pessoas com inteligência abaixo da média, durante o primeiro semestre, no qual obtive um D-. O professor me abordou no último dia do curso e disse: "Jampolsky, não sei o que você vai fazer na vida, mas, pelo amor de Deus, nunca tente escrever um livro!" Ele tinha razão. Era a última coisa que eu pensaria em fazer. Assim, passei a maior parte da minha vida com muito medo. Assumi essa postura de medo pela vida e fiz o que eu supunha ser o mais indicado nessas circunstâncias. Se eu tinha alguma idéia original, tratava de guardá-la para mim, pois, quando menino, sempre que eu levantava a mão para dizer alguma coisa, era a resposta errada! [*Risos*.]

O professor me abordou no último dia do curso e disse: "Jampolsky, não sei o que você vai fazer na vida, mas, pelo amor de Deus, nunca tente escrever um livro!"

Na faculdade de medicina fui muito bem em anatomia. Mesmo sendo dislético, eu podia tocar e, assim, aprender alguma coisa. Quando passei a examinar materiais ao microscópio, eu o fazia de maneira um tanto deficitária, devido à minha confusão entre esquerda e direita. Mas em medicina clínica, eu me dei muito bem. Sempre fazia o diagnóstico correto, ainda que pela razão errada. Eu sabia por intuição, pelo Espírito ou como quer que você queira chamá-lo —, mas não segundo o ponto de vista psicanalítico.

Portanto, vejo o processo de parto no contexto da evolução da minha criatividade — eu nunca via a mim mesmo como uma pessoa muito criativa ou capaz de se sobressair em alguma coisa. Passei a maior parte da minha vida agarrando-me com unhas e dentes e lutando com minha ansiedade. E me saí bem. Comecei a clinicar. Fiz tudo o que os meus pais me ensinaram, que era: trabalhar duro, ganhar bastante dinheiro, conseguir bens materiais. E isso comprou um bem-estar temporário, mas não garantiu felicidade.

Então, em 1975, consegui *Um Curso de Milagres*. Eu estava me afogando no alcoolismo. Tinha medo de morrer e era ateu. Quando pela primeira vez tive o *Curso* em mãos, por intermédio de Judy Skutch-Woodson, uma voz dentro de mim disse: "Doutor, cure a si mesmo. Esse é seu caminho para casa." Percebi que esse era o começo para mim, a abertura para que a minha espiritualidade consciente emergisse.

Eu sabia que devia haver uma maneira diferente de encarar o mundo ou a mim mesmo, e o *Curso* me ajudou a *não* delegar poder a outras pessoas, como um professor me ensinando o que eu podia e o que eu não podia fazer da minha vida. Ensinou-me a não interpretar o comportamento das pessoas, mas apenas o meu próprio. Talvez uma das coisas mais importantes que aprendi a respeito de criatividade foi queimar minhas fichas de avaliação de outras pessoas, e as fichas delas a meu respeito.

Mesmo antes de me encontrar num caminho espiritual, como professor na Universidade da Califórnia, eu sentia no meu íntimo que devia haver outra maneira de praticar psiquiatria além daquela que me fora ensinada. Assim, passei a instrutor, e mais tarde a professor clínico assistente de psiquiatria, fazendo coisas mais criativas, o que não foi bem recebido. Então, decidi que precisava estar numa estrutura menos rígida. Eu me sentia sufocado. Abandonei o ambiente acadêmico. Minha alma também estava faminta. Eu sentia que ela precisava se expandir. Para mim, a abertura da criatividade — esse processo de parto criativo que há em cada um de nós — surgiu quando aprendi a ouvir a voz interior.

Para mim, a abertura da criatividade – esse processo de parto criativo que há em cada um de nós – surgiu quando aprendi a ouvir a voz interior.

Na época, eu estava seguindo o *Curso*, mas ainda bebia muito; estava me destruindo pela bebida. Certo dia, ao fazer a ronda dos pacientes com um oncologista, um garoto de oito anos lhe perguntou: "Como que é morrer?" O oncologista mudou de assunto, mas eu comecei a ficar intrigado com as coisas que as crianças falavam. Descobri que na verdade elas só conversavam com a moça da limpeza matinal. Senti um impulso interior de reunir um pequeno grupo de crianças que estavam ameaçadas por graves doenças; esse mesmo impulso parecia me dizer que essas crianças eram mestres espirituais, almas antigas em corpos jovens, que tinham muito a ensinar, a mim e a outras pessoas. Começamos o primeiro centro com base nos princípios de *Um Curso de Milagres*. Uma vez que ensinamos o que queremos aprender, começamos com alguns dos ensinamentos básicos do *Curso*:

- Ganhe paz interior livrando-se do medo
- O perdão é a chave da felicidade
- A essência do nosso ser é o amor

Esses princípios, e muitos outros, abrem nosso coração e permitem que a alma voe alto. E foi isso o que aconteceu comigo. Comecei a compreender que a minha experiência de vida nada tinha para me dizer. Eu tinha de me livrar do meu passado e chegar até *este* momento de mãos vazias. Sou fotógrafo amador. Eu costumava tirar centenas de fotos de pessoas com as mãos vazias apenas para me lembrar disto: "Chegue ao presente com as mãos vazias." Utilizar a presença de Deus, o amor, e tornar-me co-criador, tornar-me uno com a criação, são coisas do momento presente.

Eu estava tendo uma porção de problemas com o *Curso*. Devido ao fato de ser judeu, sua linguagem cristã me incomodava muito. Eu tinha de mudar a palavra "Cristo" para "consciência superior". Era difícil, eu me culpava por fazer isso e tinha sentimentos conflitantes a respeito da questão como um todo. Pelo fato de ser dislético, a espessura dos livros realmente me incomodava. E, por várias razões, criei resistência a boa parte desse material. Cheguei a não gostar da idéia de que Jesus estivesse dizendo *a mim* o que fazer! [*Risos*.] Isso me parecia ridículo.

David: Ele era um bom rapaz judeu!

Jerry: Claro, ele era um bom rapaz judeu, mas ainda assim estava me dizendo o que fazer! Eu queria formar a minha própria opinião sobre as coisas.

No meu consultório, eu atendia a um paciente durante 50 minutos e, dez minutos depois, já estava atendendo a outro. Era uma consulta atrás da outra, sem interrupções. E uma voz interior me disse: "Você precisa reservar dez minutos em cada hora para meditar." Eu não ia perder tempo com isso. [*Risos*.] Decidi parar de seguir o *Curso* por cerca de um mês e fiquei deprimido e ansioso. Então, comecei a perceber o quanto eu era inflexível e estava na defensiva. Voltei para o *Curso* e iniciei a meditação durante dez minutos a cada hora. Compreendi que eu estava transferindo ansiedade e preocupações de um paciente para outro, que eu não estava começando cada consulta da estaca zero. Isso me ajudou em meu processo criativo como terapeuta. Eu estava realmente ouvindo o que vinha de dentro de mim.

Era comum me reconhecerem como um bom clínico porque tinha uma cartola bem grande de onde eu podia tirar muitos truques e mágicas. Mas comecei a pôr de lado essa cartola, a não usá-la mais, e passei a ouvir a voz interior que me dizia o que eu deveria pensar, dizer e fazer pelos outros. De vez em quando, eu ainda tirava alguma coisa da cartola porque fora instruído para proceder assim, e não porque acreditava ser o melhor. Assim, parte da criatividade, para mim, envolvia o fato de eu não fazer do meu intelecto o meu deus. Entreguei o meu poder a Deus.

Assim, parte da criatividade, para mim, envolvia o fato de eu não fazer do meu intelecto o meu deus. Entreguei o meu poder a Deus.

Quanto à minha resistência ao *Curso*, decidi que prepararia algumas fichas brancas que sentia serem adequadas para mim. O que fiz foi escrever nelas cerca de 12 lições que não apresentavam nenhuma terminologia religiosa. Eis no que eu estava me apegando. Durante algum tempo eu utilizei essas fichas e continuei revisando o *Curso* dessa maneira. De vez em quando, alguém me via com as fichas na mão e perguntava: "O que é isso?" E eu respondia: "A sinopse dos meus nove anos no *Curso*." Às vezes alguém as pedia emprestadas e ao devolvê-las me dizia: "Minha vida mudou só de examinar essas fichas." Depois de algum tempo, como essas ocasiões se repetiram e a vida de muitas pessoas havia mudado, elas sugeriram que talvez eu devesse escrever um pequeno livro sobre o assunto. Foi então que publiquei *To Give Is to Receive, An 18-day Course in Human Relationships*. Foi uma autoterapia. Eu não estava sequer pensando nas outras pessoas ou escrevendo um livro.

David: Quando isso aconteceu?

Jerry: Publiquei-o por conta própria em 1979. Não posso calcular com precisão quantos exemplares foram distribuídos, talvez uns 80 mil, e distribuímos outros tantos em prisões e lugares assim. Grande parte deles foi oferecida gratuitamente. Em seguida, comecei a dar seminários baseados em *Um Curso de Milagres*. Sou uma pessoa *muito tímida*, e a última coisa que eu queria fazer era me levantar e falar para um auditório.

Eu estava acostumado a atuar como médico e a ter tudo escrito de antemão, por isso sempre que falava em público era com base em um roteiro. Isso sufocava a minha criatividade. Na verdade, é a isso que se resumem os artigos profissionais: roteiros.

Eu estava na Inglaterra, lendo um artigo numa grande conferência, e fui ver Ena Twigg, por indicação de Judith Skutch-Woodson. Ela era uma das médiuns mais famosas do mundo; morreu alguns anos atrás. Não sabia nada a meu respeito e me disse: "Você acabou de dar uma conferência e não está contente com isso. Como pode ser criativo e falar de coração quando já tem tudo preparado de antemão? Você tem de ouvir, assim saberá o que deve fazer."

Eu respondi: "Bem, eu não sou como Judy Skutch, que pode tomar fôlego e falar durante dez horas seguidas sem o menor esforço. Ela tem uma memória prodigiosa e lembra absolutamente tudo o que aconteceu em sua vida. Quanto a mim, sou dislético. Não consigo sequer me lembrar das coisas que preciso fazer! Esse pode ser um bom conselho para outras pessoas, mas não para mim!"

Sou dislético. Não consigo sequer me lembrar das coisas que preciso fazer!
Esse pode ser um bom conselho para outras pessoas, mas não para mim!

Em seguida ela começou a dizer algumas coisas sem muito nexo. Era uma senhora encantadora, mas o que estava me dizendo não fazia o menor sentido. Ela disse: "Vejo centros para cura de atitude em todo o mundo." Então achei que ela estava completamente maluca. [*Risos*.]

Ela disse também que dentro de seis meses eu estaria em Israel, e eu não tinha planos de ir a Israel. Mas *tudo* o que ela me disse revelou-se verdadeiro, todas essas previsões. Isso me faz pensar que nunca recebemos informações que possam nos assustar.

Gay Lynn: Concordo!

Jerry: Penso que nos são passadas tantas informações quantas podemos assimilar. Contudo, nessa época, não dei muita atenção a esse fato. Seis meses mais tarde, experimentei falar com base em anotações resumidas. Então essas anotações foram ficando cada vez menores. Outros seis meses e eu me dei conta de que me levantava e falava por uma hora sem preparar o que havia de dizer. E, para meu espanto, as pessoas aplaudiam de pé no final. Eu estava admirado. Sabia que não era eu, que era algo que vinha de dentro de mim e fazia com que tudo se encaixasse harmoniosamente. Eu podia ver o quanto estava progredindo no caminho da minha própria criatividade, superando o medo do que eu achava que deveria dizer e do que as pessoas iriam pensar.

Eu podia ver o quanto estava progredindo no caminho da minha própria criatividade, superando o medo do que eu achava que deveria dizer e do que as pessoas iriam pensar.

Foi quando as pessoas começaram a partilhar comigo suas histórias de cura. Elas diziam: "Você tem de compilar esse material e transformá-lo num livro." Essa idéia me assustou, a princípio. Eu não tinha encarado aquele primeiro trabalho como um livro. Eu dispunha de todas as histórias; não teria de ir a uma biblioteca, realizar toda uma árdua pesquisa e trabalhar para elaborar o texto. Rezei muito sobre esse assunto e tinha amigos que me ajudaram com a gramática e colocaram o texto em ordem. Minha dislexia acabou ajudando, porque eu queria uma apresentação gráfica do tipo desenho animado, com letras grandes e muito espaço branco na página. Eu queria espaço para respirar. A simplicidade é algo muito difícil para uma mente confusa entender. Acredito que Jesus ensinava por meio de exemplos, parábolas, criando exemplos pessoais de modo que as pessoas pudessem dizer "Ahá!"

A simplicidade é algo muito difícil para uma mente confusa entender.

Creio que parte da nossa criatividade se volta para dentro, até o ponto mais interior, permitindo-lhe ser vulnerável e mostrando seu âmago mais profundo. Há muita energia curativa no simples ato de partilhar uma história. Parte da criatividade está experimentando um equilíbrio em suas energias masculina e feminina. Minha mulher, Dianne, é uma boa professora para mim. Acho que quando nos apresentamos juntos as pessoas não se lembram tanto do conteúdo, embora eu goste de pensar que o conteúdo seja útil. Creio que seis semanas mais tarde elas se lembram da experiência de amor e da qualidade do relacionamento.

Gay Lynn: Que experiências surgem com maior evidência na sua mente?

Jerry: Tive muita sorte de ter convivido com crianças à beira da morte. Mesmo que elas não fossem morrer naquele momento, de alguma maneira eu estava lá. Por volta de 1979, tive um sonho incrível. Eu estava no sopé de uma colina, rodeado por todas as crianças que tinham morrido com diferentes idades, e dançávamos em círculo. De repente, elas começaram a subir para o espaço e a se transformar em luz. Foi uma experiência muito bonita e importante para mim. Fez com que eu me lembrasse de um ensinamento que diz: Tudo é luz. Foi como se o sonho estivesse me dizendo: "Ei, Jerry! Você está no caminho certo." Eu acho que essas crianças são centros de luz, são os meus anjos da guarda, quando rezo e peço orientação. Elas estão lá para me ajudar no meu caminho.

**Eu acho que essas crianças são centros de luz, são os meus anjos da guarda, quando rezo e peço orientação.
Elas estão lá para me ajudar no meu caminho.**

David: Você continua firme, dando conferências, escrevendo, aconselhando, ensinando e tocando as vidas de tantas pessoas há tantos anos. Como você explica isso?

Jerry: Em parte, por causa de uma perseverança que aprendi com meus pais. Em parte, pela compreensão de que somos apenas os veículos para a mensagem. Isso ajudou muito. Tenho uma foto que gostaria que fosse usada quando eu morrer. Nela estou abraçado a um garoto, Tinman Walker, mas o *meu* rosto não aparece. É isso que eu quero ser: um veículo. Eu não tinha idéia de que chegaríamos a mais de uma centena de centros de Cura de Atitude em 17 países. Isso teria me assustado. Nunca foi minha idéia fazer tudo isso. Aconteceu; não estava nos meus planos; eles se reduziam a viver um dia de cada vez. Foi por isso que crescemos — não havia um plano. O que há é uma forte união de pessoas, reunindo-se em corações e mentes, apren-

**O que há é uma forte união de pessoas, reunindo-se em corações e mentes,
aprendendo a mais difícil das lições: que existe uma outra maneira de encarar a vida e a morte, e de encontrar alegria nesse processo.**

dendo a mais difícil das lições: que existe uma outra maneira de encarar a vida e a morte, e de encontrar alegria nesse processo.

Acho ainda que ser criativo é se libertar da manipulação. Em minha vida passada, eu era um jovem muito poderoso e manipulador. Costumava oferecer muitas vantagens e podia levar as pessoas a fazer o que eu queria que elas fizessem. Para deter esse poder, você tem de ser bem-sucedido aos olhos do mundo — e malsucedido por dentro. Para aprender a *não* ser manipulador é preciso ser criativo e permitir que essa energia subsista. Abandone os seus controles, seja um seguidor.

Gay Lynn: O que a fábula de Esopo diz para você?

Jerry: Quando eu era garoto, acreditava que havia um tesouro no fim do arco-íris — e durante boa parte da minha vida estive tentando encontrá-lo. Eu me pergunto por que ninguém jamais me disse que o tesouro estava dentro de mim!

Eu acho que o mesmo se aplica a essa história. Nosso ego nos mantém separados, com um sentimento de vazio, nada sabe sobre a abundância e só pensa em escassez. E então descobrimos que *nós* somos a dádiva de Deus, que *nós* somos a abundância, que *nós* fomos feitos à imagem de Deus. Não há nada que precisemos ter, nada que precisemos fazer. Precisamos apenas *ser*. A provisão de Deus está garantida; quanto mais dermos, mais receberemos. Somos a galinha, e o ouro está dentro de todos nós!

Trabalho de Parto

Você entrou
Como um animal ferido
Que rasteja para dentro de um tronco tombado
Para morrer.

Porém
Não pense que eu sou
Insensível.
É que simplesmente tenho passado

Muitas vezes por isso
E vi
Isso tantas vezes
E sei
Que verei de novo.

Segurarei a sua mão.
Mas se você me vir
Sorrindo só um pouquinho
Enquanto estiver se contorcendo e se dilacerando,
Por favor, entenda
Que eu conheço as dores do parto
Quando as vejo.

E, francamente, mal posso esperar
Para ver o que está lutando
Para nascer.

PICTURE WINDOW
POR CAROL LYNN PEARSON

8

Símbolos Espirituais e Experiências Místicas

Era noite de solstício de inverno, pouco antes do Natal. Estávamos em Kansas City, no Missouri, com nosso filho, Kirk. Caminhávamos pela cidade de luzes festivas, que cintilavam em meio à fria escuridão do dia mais curto do ano. Amontoávamo-nos uns contra os outros no ar gelado divertindo-nos com as luzes, cientes da escuridão expansiva da noite que nos circundava. Estávamos ligados a nossos ancestrais, que comemoraram ao longo das eras essa dupla celebração, durante a qual dançaram e festejaram para manter afastados o frio e a escuridão, e também se regozijar com o renascimento do Sol.

Nossas cores modernas — vermelho e verde — do Natal são, na verdade, as antigas cores do solstício. O vermelho simboliza o retorno do Sol resplandecente, e o verde, a renovação das plantas que brotam. Depois de passear sob as luzes cercadas pela grande escuridão, chegamos em casa para acender uma única vela no calor da casa de Kirk. Fizemos uma pausa para refletir a respeito desse antigo ritual de acender uma vela e abraçar a escuridão.

Por que celebramos o nascimento de Jesus numa época do ano diferente daquela em que ele provavelmente nasceu? Sabemos desde há muito que a jornada de Maria e de José, na história da natividade, tal como é narrada por Lucas, ocorreu na primavera, e não no solstício do inverno. Também sabemos que nos primeiros dias das igrejas cristãs, num esforço para mesclar a nova religião com os costumes romanos, as duas celebrações foram englobadas princi-

Por que celebramos o nascimento de Jesus numa época do ano diferente daquela em que ele provavelmente nasceu? Sabemos desde há muito que a jornada de Maria e de José, na história da natividade, tal como é narrada por Lucas, ocorreu na primavera, e não no solstício do inverno.

palmente pelo interesse dos romanos em incluir o nascimento de Jesus em suas festas do solstício de inverno. Mas a celebração do Natal nessa data vai além das decisões políticas dos patriarcas da igreja nos concílios religiosos. Algo de místico e sobrenatural se oculta na escuridão do inverno, época em que as pessoas faziam a passagem do inverno no hemisfério norte do planeta.

Reunimo-nos na sala de estar, desfrutando do aroma de alguns ramos que cortáramos de um pinheiro lá fora. Ouvimos em silêncio as músicas de Natal que vinham de um aparelho de CD. Sentíamos o conforto da escuridão e percebemos que muitas de nossas canções de Natal celebravam a escuridão. Por que será? Supõe-se que o Natal seja uma época de luzes por toda parte. Afinal, não contrastamos a luz como boa e a escuridão como má, da mesma maneira que o branco e o preto, o dia e a noite? Fuja da escuridão para a luz, foi o que nos disseram.

Ouvimos os hinos de Natal e os escutamos celebrando a luz *e* as trevas, o dia *e* a noite. A mais famosa e mais popular de todas as canções, escrita e cantada pela primeira vez para um serviço de Noite de Natal numa pequena igreja da Alemanha, abraça ternamente a escuridão: "Noite Feliz".

Noite feliz! Noite feliz!
Ó Senhor, Deus de amor,
Pobrezinho nasceu em Belém,
Eis na lapa Jesus nosso bem.
Dorme em paz ó Jesus!
Dorme em paz ó Jesus!

Por que Jesus nasceu no meio da noite?

Ele veio numa meia-noite cheia de luz.

e

Oh, pequenina cidade de Belém,
Quanta quietude vemos em teu repouso;
Acima do teu sono, profundo e sem sonhos,
Passam as estrelas silenciosas;

No entanto, em tuas ruas escuras brilha
A luz eterna;
As esperanças e os temores de todo o ano
Encontram-se em ti esta noite.

O bebê que se tornaria o mensageiro de boas novas nasce, não ao meio-dia, mas à meia-noite. Essa dádiva, esse mensageiro da verdade, esse agente da cura, esse guia do caminho da nova vida e do amor surge no meio da escuridão, nasce da escuridão do útero de sua mãe, como todos nós. A escuridão não era um lugar mau, mas o lugar onde ele cresceu, se desenvolveu, foi alimentado e nutrido pelo corpo úmido e fértil de sua mãe Maria.

O bebê que se tornaria o mensageiro de boas novas nasce, não ao meio-dia, mas à meia-noite. Essa dádiva, esse mensageiro da verdade, esse agente da cura, esse guia do caminho da nova vida e do amor surge no meio da escuridão, nasce da escuridão do útero de sua mãe, como todos nós. A escuridão não era um lugar mau, mas o lugar onde ele cresceu, se desenvolveu, foi alimentado e nutrido pelo corpo úmido e fértil de sua mãe Maria.

Como poderíamos ter omitido essa rica realidade no nosso dualismo que constantemente opõe luz e escuridão — tomando a escuridão como algo a ser evitado?

Nossa percepção crescia à medida que reduzíamos os preconceitos que havíamos criado com relação à escuridão como má e agourenta nesse solstício de inverno. Quando Papai Noel atravessa o céu trazendo presentes? Como ele entra nas casas? Por que o Papai Noel precisa da já lendária rena Rodolfo e de seu brilhante nariz vermelho para guiá-lo? Todas essas imagens são de presentes vindos a nós no meio da noite, na escuridão.

Talvez haja nisso uma profunda lição para nós. O protótipo para muitas das tradições em torno da Virgem Maria espelhou-se nas lendas da Ísis egípcia, às vezes chamada de Nossa Senhora Negra. Outras observações a respeito da escuridão sagrada vão das referências bíblicas a Deus sendo revelado a partir de uma nuvem de trevas até a tradicional capa preta da Bíblia Sagrada.

Nossa tranqüila experiência contemplativa no solstício pode ter feito parte do ciclo de morte e renascimento, um ponto de transição onde deixamos o passado atrás de nós e anunciamos o futuro. David escreveu a respeito da qualidade mística da noite na celebração do Natal.

Ó Gentil Escuridão

Abraço-te, gentil escuridão.
Não tens sido bem acolhida pela imprensa.
Temos fugido de ti, ignorando tuas dádivas.
Traze-nos o Natal, na maré vazante do ano,
celebrando a mais longa das noites.
Traze-nos Papai Noel,
descendo na noite pela negra chaminé.
Traze-nos a criança maravilhosa na manjedoura
vinda do negro ventre de Maria.
Oh, Noite Santa, Noite Silente,
Eu te celebro.
Escuridão sagrada, minha escuridão, útero criativo,
És a matriz do meu novo nascimento.
Abraço-te, gentil escuridão.

David Williamson

Nosso nascimento é
apenas um despertar,
o princípio de um ciclo
de pequenos nascimentos
e mortes que
duram toda uma vida.

Walter Starcke

REFLEXÕES DE GAY LINN:

Dar à Luz uma Nova Vida, com Walter Starcke

Eu me encontrava numa sala aconchegante, de móveis artesanais e um alto teto de igreja. A sala era apropriadamente chamada de "treetop" (topo de árvore), refletindo a vista que dominava a colcha de retalhos feita de terras de pastagens e de bosques estendendo-se ao longo da bela região montanhosa do Texas. Uma seca rigorosa fez com que o nível de água do rio Guadalupe estivesse abaixo do normal. Lembro-me de ter descido esse rio com amigos vários anos antes, na minha primeira visita ao Guadalupe River Ranch, de propriedade do meu amigo Walter Starcke, que é também quem o administra. Walter é autor e produtor, e promove o desenvolvimento desse centro de aprendizagem experimental e estância que atrai milhares de pessoas vindas de todo o mundo para encontros de grupo e retiros pessoais, incluindo retiros de executivos para empresas da lista da Fortune 500.

Entrei em devaneio, recontando minha primeira visita ao rancho. Eu tinha me sentado junto à lareira de pedra daquela mesma sala de estar campestre oito anos antes, ouvindo as surpreendentes histórias de Walter sobre Joel Goldsmith, Tennessee Williams, Truman Capote e muitas outras personalidades do cenário teatral de Nova York. Eu e meu marido, David, com quem tinha me casado naquele ano, ríamos muito. Passar algum tempo no rancho, afastados do nosso atarefado ministério urbano, era uma festa. Walter me perguntou se eu já havia visto a gruta com Nossa Senhora Negra. Eu nunca tinha ouvido esse nome e aceitei o convite para visitar o local.

Era um quente dia de verão e a gruta era uma pequena estrutura parecida com uma caverna, com uma abertura circular. À medida que me aproximava dela, senti-me compelida a tirar os sapatos antes de entrar na câmara interior.

Senti que estava a ponto de ingressar num lugar sagrado e precisava respeitá-lo tirando os sapatos e pisando firmemente com os pés no chão de terra. Ao entrar na gruta, deixando para trás o Sol brilhante, precisei de um momento para que meus olhos se ajustassem à iluminação a vela do interior. Bem diante de mim erguia-se a linda Nossa Senhora Negra. Senti sua presença viva no pequeno útero da terra. Meu abdômen relaxou e senti um soluço começar a brotar dentro de mim.

Em alguns momentos, rendi-me à emoção, e lágrimas copiosas me desciam pelo rosto à medida que meu corpo arfava com suspiros de libertação e uma respiração pesada. Não havia pensamentos racionais nem análises acompanhando a experiência, somente uma sensação palpável de me ligar com a minha memória primordial, de pertencer a uma intrincada teia da vida que eu tinha, de alguma maneira, esquecido na minha luta para compreender e dominar a vida. Naquele momento, eu estava diante daquela poderosa imagem do Feminino Divino, que era audaciosa, cheia de energia e de uma compaixão imensa, e que permeava completamente cada camada do meu ser.

Naquele momento, eu estava diante daquela poderosa imagem do Feminino Divino, que era audaciosa, cheia de energia e de uma compaixão imensa, e que permeava completamente cada camada do meu ser.

Permaneci na radiância da luz de velas da gruta por um longo tempo, absorvendo vagarosamente as nuanças daquele espírito inacreditável. Antes de partir, senti como se quisesse deixar algo de mim na gruta para selar minha amizade com a Nossa Senhora Negra. Eu estava usando um anel especial com um sol radiante modelado em ouro, que David me dera. Pressionei o anel na cera macia, na base da imagem, e notei, no mesmo momento, um desenho idêntico do sol em seu vestido esvoaçante. Logo em seguida, ela falou a mim, no meu coração, e me disse: "Estou sempre com você!" Novamente, lágrimas encheram os meus olhos ao me sentir tomada por uma ligação com a Nossa Senhora Negra e seu grande amor.

Minha vida não foi mais a mesma depois dessa experiência. A mulher que penetrara na gruta não era a mesma que saiu dela! Comecei um novo caminho naquele momento. De volta ao rancho, contei minha experiência a David. Falamos sobre o impacto e a importância do meu dramático encontro com o Feminino Divino no rancho.

Naquela noite, tive as mais profundas experiências oníricas. A Nossa Senhora Negra veio a mim e me abriu uma dimensão maior da minha vida. No meu sonho, assim como na gruta, tive a sensação de ser profundamente amada. Não era uma espécie de amor suave ou leve, mas um amor que transcendia a duração da vida com sua dor, luta ou emergência, vinculando-se à minha alma num nível pessoal. Era a poderosa experiência de um relacionamento que sempre existira, embora pela primeira vez eu tenha podido reconhecer plenamente seus recursos de energia e de vitalidade. Ela segurou-me em seus braços e me embalou. Às vezes, seu rosto se parecia com o de minha mãe.

Simultaneamente, senti a violência, a raiva, o poder e a dominação de um Deus patriarcal que estava controlando, dominando, e que era inalcançável. Eu estava furiosa com o Deus que vim a conhecer naquele momento. A Mãe Divina envolveu-me em seus braços e tranqüilizou-me, assegurando-me que ela sabia como eu me sentia e me ajudaria em minha raiva. Ao despertar, eu estava coberta de suor, com o coração batendo aceleradamente.

Pela manhã, falei sobre esses sonhos estranhos com ministros e mestres espirituais que estavam reunidos ali. Senti-me embaraçada ao descrever a raiva que senti de Deus e a experiência dessa Nossa Senhora Negra que me envolveu tão intimamente em seus braços. Eles me ouviram com amor, mas não tinham explicações que me ajudassem a encontrar sentido para esse estranho sonho.

A Nossa Senhora Negra, como símbolo do Feminino Divino, leva títulos tais como Senhora dos Céus, Ternura Feminil, Amor de Irmã, A Bela e a Bem-Amada, Senhora da Abundância, Senhora da Magia e a Grande Encantadora. Eu sabia que ela era muito mais que algum santuário ou figura a ser adorada por mim no nível externo, mas sim, que ela despertava alguma coisa dentro de mim.

Depois que deixamos o rancho, a Nossa Senhora Negra continuou a me visitar em meus sonhos. Suas mensagens eram sempre diretas, cheias de paixão, e me ajudavam a ver a figura maior. Comecei a ouvir mais pessoas falarem a respeito dela — pessoas como a conhecida psicóloga junguiana Marion Woodman. Li a respeito da Nossa Senhora Negra como Ísis, a famosa figura materna do antigo Egito, que muitos consideram a precursora das tradições da Virgem Maria no cristianismo. Eu prestava muita atenção sempre que ouvia qualquer menção à Nossa Senhora Negra. Sentia um formigamento em meu corpo, uma agitação em meu íntimo. A Nossa Senhora Negra como símbolo, imagem, metáfora trazia uma importante mensagem para a minha vida e — eu a sentia — para o mundo. Ela falou ao meu coração, dizendo:

Sou a sabedoria das idades, adormecida no ventre do seu ser.
Eu desperto em você a lembrança de todas as mães cujos ventres foram os canais da vida.
Estive escondida na caverna do seu inconsciente, nos lugares escuros da terra.
Sempre presente, embora não reconhecida; sempre disponível, embora invisível.
Agora estou visitando os seus sonhos; minha energia agita o seu coração, minha paixão está viva em você!
Que a mensagem emerja em cada pessoa da forma como ela quiser.
Siga-a, siga o mistério.

A Nossa Senhora Negra ensinou-me portentosas lições a respeito da minha sexualidade e energia erótica, e sobre como expressar esses poderes em minha vida como novas criações. Dei à luz filhos físicos e, no entanto, a Nossa Senhora Negra estava me mostrando como também utilizar minha fertilidade, sexualidade e espiritualidade para gerar criações divinas, tais como um grau de mestrado, livros, um novo ministério de vida, uma maneira diferente de criar e cuidar dos filhos, uma partilha e um relacionamento mutuamente respeitoso com meu companheiro. Comecei a aceitar o meu corpo como o cálice do Espírito, e fui impregnada por esse Ele. Havia, dentro do meu ser, uma sacralidade que era diferente. Era terrestre, sensual e úmida. Não estava na minha cabeça; todos os meus centros de energia vibravam com a energia dela. Li mais tarde que a Nossa Senhora Negra representa todos esses aspectos. Ela é a interseção da espiritualidade com a sexualidade. Ela é a natureza impregnada pelo Espírito; é a sacralidade da matéria.

Na minha jornada, percebi que sou a Nossa Senhora moderna, dando à luz diariamente. Cada um de nós, homem ou mulher, também o é.

Walter Starcke, bem-sucedido produtor da Broadway e ator, deixou Nova York por vários anos depois de produzir *I Am a Camera*, conhecido mais tarde em sua versão musical como *Cabaret*. Durante aquele período, quando fazia parte do cenário artístico de Nova York, Walter lembra-se de ter sido convidado para um banquete no Gramercy Park pelo então famoso dramaturgo Sidney Kingsley.

O anfitrião estava atrasando o banquete, esperando pela chegada de Martha Graham, a diva da dança moderna. Walter recorda: "Martha representava a energia do Feminino Divino porque ela liberou a pélvis na dança. Antes dessa época, todas as bailarinas clássicas congelavam a pélvis, o ventre, e Martha os liberou, utilizando-os, e muitas pessoas acharam que isso era horrível e vulgar."

A festa continuou e, depois de esperar algum tempo por Martha, o anfitrião sugeriu que se desse início ao jantar. "Quando os convidados se assentaram na sala de jantar ela entrou cambaleante, completamente embriagada!" Kingsley disse não saber que Graham ocasionalmente tinha esse problema. Isso lhe serviu como uma importante lição, que o liberou: quanto mais larga for a orla do funil, maior será a pressão sobre o bico. Em outras palavras, diz Walter: "Quanto mais criativo for o bebê a que você vai dar à luz, maior será a pressão sobre a sua humanidade para fazê-lo."

"Muitas pessoas adorariam ser uma bailarina famosa, escrever peças ou livros, ser um astro de cinema ou atuar na Broadway, mas elas não querem pagar o preço de manter a tensão criativa necessária para fazê-lo. Há sempre um preço a pagar, e às vezes isso compromete a integridade da

Em outras palavras, diz Walter: "Quanto mais criativo for o bebê a que você vai dar à luz, maior será a pressão sobre a sua humanidade para fazê-lo."

pessoa. Ninguém possui integridade perfeita durante todo o tempo." Walter sugere: "O objetivo não é ter essa perfeita integridade; o objetivo é reconhecer essa integridade e agarrar-se a ela enquanto puder."

Para agarrar-se à própria integridade, com a idade de 54 anos Walter abandonou os palcos, as palestras, a plataforma. Para um homem que fez a carreira de sua vida diante do público e na ribalta, isso exigiu uma grande renúncia. Seu amigo e colega Fenwick Holmes, irmão de Ernest Holmes, disse a Walter, antes que ele se retirasse do mundo, 14 anos atrás: "Eu os vejo ir e vir, Walter, e todos eles acabam perdendo sua integridade. Você conquistou a sua, agora. Agarre-se a ela!"

Walter sentia que, se continuasse com aquele estilo de vida, no centro do palco, acabaria perdendo sua integridade, e por isso, com graça e dignidade, ele o deixou. Sua nova missão consistiu em abrir-se a um estilo de vida mais contemplativo. Pouco tempo depois, Walter deu à luz seu tão apreciado livro *The Double Thread*, um guia espiritual para buscadores da verdade.

"O nascimento é uma dádiva", diz Walter, "e o que você recebe na vida é por meio da sua dádiva. Você não pode dar à luz sem sentir algumas dores do parto. Elas constituem um estágio indispensável do processo. Faça uso de tudo — mas não seja usado por coisa alguma. Toda experiência, boa ou má, existe para nos tornar mais conscientes; boa ou má, ela nos traz alguma informação. O que precisamos fazer é indagar, em cada situação: 'Qual é a informação neste momento? O que estou aprendendo com isso?' "

> **Você não pode dar à luz sem sentir algumas dores do parto. Ela constituem um estágio indispensável do processo. Faça uso de tudo – mas não seja usado por coisa alguma. Toda experiência, boa ou má, existe para nos tornar mais conscientes; boa ou má, ela nos traz alguma informação.**

Walter manteve sua integridade abrindo mão de um modo de vida. Ele faz uma analogia com o corpo físico. "Finalmente, o corpo perde sua integridade e deve ser colocado no túmulo para então desintegrar-se na terra. Assim acontece em nossa vida, quando surge a orientação de que uma metamorfose está prestes a ocorrer, e nossa cooperação é necessária para a sua realização. Ao resistir, não raro ficamos presos àquilo que sobreviveu, e perdemos nossa integridade ou nossa capacidade de sermos íntegros e completos. Não estamos mais no nosso eu honesto. Estamos num estado enfraquecido de ser. Muitos de nós permanecem nesse estado e temem morrer com relação ao velho relacionamento, ao seu trabalho na vida ou a qualquer situação. Não obstante, esse é um importante sinal do nosso amadurecimento e crescimento.

"Esses não são apenas indícios externos de amadurecimento", diz ele. "São também rituais íntimos que ocorrem no nosso interior o tempo todo. As pequenas mortes e renascimentos acontecem repetidas vezes ao longo de uma vida.

Quando nossa orientação vem a nós para nos mover até o próximo estágio de nossa evolução espiritual, precisamos celebrá-lo e marcá-lo com um ritual. Precisamos celebrar dignamente a fecundidade do que foi, e seguir em frente."

Walter respondeu a várias de nossas perguntas sobre o Feminino e o Masculino Divinos.

Medito pela manhã e entro em sintonia, o que é semelhante a ligar uma música. Então, prossigo com meu trabalho. Embora não esteja ciente dela, a música está tocando durante o tempo todo, como música ambiente. Você não está prestando atenção na música mas, se ela pára, então você reconhece: "Epa, a música parou."

Gay Lynn: Como você tem acesso à sua energia feminina e a equilibra com sua energia masculina?

Walter: É o que eu chamo de "duplo pensar". Estamos plenamente conscientes da nossa energia feminina e plenamente conscientes da nossa energia masculina. Não é um "ou isto, ou aquilo". Podemos pensar nas duas coisas ao mesmo tempo. Medito pela manhã e entro em sintonia, o que é semelhante a ligar uma música. Então, prossigo com meu trabalho. Embora não esteja ciente dela, a música está tocando durante o tempo todo, como música ambiente. Você não está prestando atenção na música mas, se ela pára, então você reconhece: "Epa, a música parou."

Assim, pode-se meditar pela manhã, entrar em sintonia com a energia feminina, intuitiva, amorosa, sensitiva e, então, seja você homem ou mulher, deixar a meditação, ir para o trabalho e ter a certeza de que a música ambiente estará tocando. Chegamos ao ponto em que podemos reconhecer quando ela pára. Somos seres multidimensionais, com um lado masculino e um lado feminino. Isto é o duplo pensar: reter ambas as realidades simultaneamente e ter acesso à energia que vem de ambos os lados da nossa natureza para guiar e dirigir nossas vidas. Podemos contar com uma ou com a outra quando precisarmos particularmente dessa ajuda.

David: Viver intensamente a natureza intuitiva, como você vive, deve ser um pouco assustador, às vezes.

Walter: É quase como viver em queda livre. Temos de saltar do penhasco. Uma vez fora dele, você passa a viver em constante queda livre. E isso significa viver pela graça. E é assim que realmente aprendemos a viver. Não há nada que você possa fazer fisicamente, seja tentando controlar a situação ou as pessoas envolvidas. Você pode tentar, ou pensar que pode, mas a analogia mais próxima é a de que você está em queda livre. Se entrar em pânico, começará a rodopiar, e isso pode ser um pesadelo. Mas se você apenas se esticar e relaxar, poderá ter muito mais controle e dirigir sua queda. E isso é o oposto do que pensamos. É o lugar de abandono, de renúncia, de confiança. Algumas pessoas não estão querendo saltar. Mas cada um de nós, em algum momento, precisará saltar do penhasco ou será o nosso fim.

Gay Lynn: Isto soa como se precisássemos tanto do Masculino Divino como do Feminino Divino vivos em nós.

Walter: O masculino precisa do feminino. E vice-versa. Nenhum deles é completo sem o outro. E, assim, concluímos: a experiência é maravilhosa; mas se você não tiver o conhecimento do que está sentindo, ela não foi plenamente integrada na sua psique. O conhecimento é maravilhoso, mas se ele não se concretiza na sua vida de alguma maneira, ele de nada vale. Precisamos tanto de conhecimento como de experiência, a parceria divina em todos nós.

Ó doce
escuridão,
eu te abraço!
És a sacralidade
do espírito
impregnada
em mim.

Rocco Errico

Unity Village, Missouri

O Coração Equilibrado de Rocco Errico

Em sua jornada de vida, Rocco A. Errico, doutor em filosofia e em teologia, obteve não apenas um, mas quatro doutorados — em letras, no College of Seminarians; em filosofia e em teologia sagrada, ambos na School of Christianity, em Los Angeles; e em teologia, no Instituto de St. Ephrem, na Suécia. Estudou muito com o falecido George M. Lamsa, renomado doutor em teologia, erudito em estudos da Bíblia e do assírio e tradutor da *Holy Bible from the Ancient Aramaic Peshitta Text* (Bíblia Sagrada a partir do antigo texto aramaico Peshitta).

Os esforços eruditos de Rocco resultaram num rico entendimento das Escrituras no contexto da cultura, dos costumes e da linguagem em que foram redigidas. Nos vários livros que escreveu, Rocco examina o texto Peshitta em aramaico e oferece novas idéias a respeito da cultura aramaico-hebraica semita da Palestina do século I. Ele explica os significados das palavras e dos costumes aramaicos em *The Message of Matthew*; investiga o Pai Nosso, linha por linha, em *Setting a Trap for God*; e esclarece provérbios e ensinamentos erroneamente interpretados, tanto de Jesus quanto de seus apóstolos, em *Treasures from the Language of Jesus*. Em *The Mysteries of Creation: The Genesis Story*, o dr. Errico apresenta sua tradução da narrativa da criação no Gênesis e define o papel da humanidade no cosmos. Brilhante interlocutor, com uma perspectiva singular, o dr. Rocco Errico vive em Santa Fé, no Novo México, onde dirige o trabalho da Noohra Foundation.

David: O senhor poderia falar a respeito da escuridão como um símbolo de Deus?

Rocco: A vida é concebida na escuridão do útero. As sementes germinam na escuridão do solo. As idéias nascem na escuridão da mente interior. A escuridão é o tempo de repouso, de incubação, de formação e de rejuvenescimento da natureza; é o ponto de encontro secreto, de forças invisíveis e de realidades ocultas.

Ensinamos que a luz e a cor branca são símbolos de Deus, mas também que a escuridão e a cor negra são igualmente representações de Deus. A escuridão como metáfora apresenta Deus como a fonte inescrutável, o incognoscível, o não-manifesto. De acordo com os antigos escritores egípcios, o princípio primeiro é caracterizado como escuridão. Está além de todas as concepções classificadas e racionais. Escuridão é mistério. Os antigos sábios simbolizaram a escuridão como um mal, horror ou terror. Os pensadores modernos continuam a descrever a escuridão e a cor negra como mal, tristeza, desastre, desgraça, ignorância, cegueira, superstição e ausência de luz. Isso se baseia unicamente num ponto de vista relativo e unilateral. E é relativo.

A escuridão é o tempo de repouso, de incubação, de formação e de rejuvenescimento da natureza; é o ponto de encontro secreto, de forças invisíveis e de realidades ocultas.

O negro é o símbolo da energia feminina, pois é a energia criativa. Quando ministro minhas aulas sobre o primeiro capítulo do livro do Gênesis, faço questão de deixar claro que quando Deus criou a luz, não o fez para destruir a escuridão. Deus a criou para equilibrá-la com a escuridão. É por isso que, Deus disse: "Faça-se a luz." E "Ele chamou a luz de dia e chamou a escuridão de noite". A Divindade apenas pôs a escuridão em equilíbrio com a luz. A escuridão tem o seu lugar.

David: "E a luz surgiu da escuridão..."

Rocco: Na filosofia chinesa, a escuridão é um símbolo do feminino, pois está oculta. O útero está escondido, os segredos da terra estão todos escondidos na escuridão. As mais poderosas forças da criação provêm da escuridão. E, desse modo, a escuridão representa Deus – as poderosas forças ocultas de Deus, que não podem ser vistas.

A luz é tudo o que é manifesto. Estou parafraseando Emerson resumidamente quando ele diz: "A luz contínua, o sol eterno cria um deserto." A idéia é muito clara. Até mesmo a luz tem de ser equilibrada. Não é apenas a escuridão que equilibra a luz, mas a luz equilibra a escuridão. E a escuridão deve equilibrar a luz porque, se tivermos luz contínua, nada crescerá. Será destruído, queimado.

As mais poderosas forças da criação provêm da escuridão. E, desse modo, a escuridão representa Deus – as poderosas forças ocultas de Deus, que não podem ser vistas.

A história do Gênesis trata da consciência transcendente. No primeiro capítulo, em especial, quando a consciência desperta, a primeira coisa que faz é distinguir entre escuridão e luz. Não se trata de uma divisão. Quando lemos: "Deus separou as trevas da luz", pensamos em *divisão*. Mas a questão é de *diferenciação*. E é isso o que um despertar, uma consciência transcendente faz em nós — diferencia. O macho e a fêmea destinam-se ao equilíbrio. Precisamos conjuntamente das duas formas, luz e trevas, positivo e negativo, macho e fêmea. Na filosofia chinesa, a força feminina é negativa. Sem o equilíbrio, não haveria criação de espécie alguma. As poderosas forças ocultas sempre surgem da escuridão, não da luz. Por isso é difícil explicar o *como*. É difícil explicá-lo porque ele está oculto. O verdadeiro ponto crucial do funcionamento de qualquer coisa está oculto.

> **Quando lemos: "Deus separou a escuridão da luz", pensamos em *divisão*. Mas a questão é de *diferenciação*. E é isso o que um despertar, uma consciência transcendente faz em nós – diferencia.**

David: E isso vale também para todos nós, porque surgimos da escuridão do útero.

Rocco: Exatamente. A vida é um mistério. Estamos vivendo esse mistério e nem sequer sabemos *realmente onde estamos!* As pessoas querem discutir essa questão comigo, mas eu demonstrei isso a elas repetidas vezes. Quando você identifica onde está e a partir daí tenta retroceder ao ponto mais afastado de que se tem notícia, você perde a noção de espaço, porque vivemos num universo cheio de muitas galáxias, do qual não conhecemos nem o princípio nem o fim. Não sabemos como medir o universo. Quando, de repente, você se afasta das galáxias e penetra na escuridão — bem, o que existe lá? Podemos medi-lo? Não podemos. Não até que mais algumas coisas apareçam. Até então, não sabemos onde estamos.

Gay Lynn: Assim, num sentido real, ainda estamos no útero do cosmos.

Rocco: Sim, ainda estamos, e *nunca o abandonamos*. E esse útero do cosmos é um mistério. Eu diria que estamos perdidos e nem sequer sabemos disso! Só porque damos nome a algo, achamos que sabemos onde estamos. Essa é a idéia contida nas Escrituras.

Nos capítulos 2 e 3 do Gênesis, temos a história do Jardim do Éden com Adão e Eva. Lemos que o Senhor Deus fez a mulher a partir de uma das costelas de Adão. A palavra "costela" significa "igualdade". A idéia é a de que o homem e a mulher eram iguais, ou, em outras palavras, as energias eram equilibradas.

A caixa torácica dá ao corpo forma e estrutura, assim como a energia feminina dá forma à vida humana. É no útero que o ser humano adquire forma. É por isso que o escritor bíblico utiliza a costela como símbolo de igualdade e forma para o poder feminino.

David: E quanto ao efeito que essa história tem sobre homens e mulheres? Nos ensinamentos tradicionais, isso faz as mulheres parecerem responsáveis pela ruína da humanidade.

Rocco: É a lenda da Torá. Não podemos considerá-la literalmente. É uma fábula que passa uma lição. Em aramaico e em hebraico, a serpente utiliza o plural "vocês", significando que ambos estavam lá, que ambos eram responsáveis. Não era apenas a mulher.

David: Que aspecto ou lição a lenda sublinha?

Rocco: A maioria dos especialistas sabe que as interpretações antiquadas da história do Jardim do Éden não são mais corretas, não são mais sustentáveis, em absoluto. Hoje, são muitos os que ainda acreditam nestas cinco interpretações básicas:

1. A ruína do homem – *não-sustentável*;
2. A origem da morte – *não-sustentável*;
3. A origem do mal – *não-sustentável*;
4. O pecado original – *absolutamente nada a ver com pecado original*. Essa é uma idéia da igreja que se difundiu a partir da literatura apócrifa e apocalíptica, começando no século III a.C. e terminando por volta do ano 200 d.C. É daí que provêm essas idéias, e não da Bíblia.
5. A última interpretação é a de que a união sexual foi responsável pela ruína do homem – *não-sustentável*.

Atualmente, especialistas judeus, católicos romanos e protestantes não consideram mais essas cinco interpretações como explicações corretas ou adequadas da lenda. Embora os eruditos não concordem quanto à interpretação correta, há duas explicações que estão ganhando ampla aceitação.

1. Não existe o que chamamos de liberdade total.

Adão e Eva tinham apenas um mandamento: eles não podiam tocar na árvore do conhecimento do bem e do mal. Porém, não puderam cumprir esse mandamento. Isso significa que toda vida tem parâmetros — independentemente de onde estamos, de quanta liberdade temos. Há limites até mesmo na nossa liberdade. Desse modo, ele está dizendo que há certos limites na vida e, se os ultrapassarmos, pagaremos um preço. É tudo. Não se trata de um Deus que nos julga. Adão e Eva foram exilados devido à sua desobediência. Não lhes foi dado outro castigo; eles simplesmente foram exilados do Éden.

2. A árvore foi uma armação deliberada.

Deus não prepararia uma árvore e nos diria para não tocá-la, pois Deus sabe que seria a primeira coisa que faríamos. Portanto, a história diz que a árvore foi *intencional*. Fomos destinados a comer o fruto da árvore do conhecimento do bem e do mal para dar nascimento à civilização.

Em outras palavras, esta é uma explicação existencial.

David: Não estávamos destinados a permanecer no jardim.

Rocco: Exatamente! Essa história é um mito. Muitos mitos servem como explicações existenciais da vida tal como a entendemos e a conhecemos atualmente. Outro exemplo extraído da história é o de que Deus fez roupas para Adão e Eva. Por que temos a idéia de roupas na fábula? Vestir roupas simboliza a introdução da civilização. Os antigos autores introduziram a civilização com a idéia das roupas.

David: E quanto às maldições nessa história? Deus amaldiçoou o solo e declarou que as mulheres teriam de ser dependentes dos homens.

Rocco: Em geral, interpretam-se erroneamente os versículos 3:14 e 3:17 do Gênesis, que falam sobre as maldições. Deus amaldiçoou apenas a serpente e o solo. Deus jamais amaldiçoou o homem ou a mulher. A serpente representa uma falsa noção ou um pensamento mentiroso. A maldição do solo refere-se à dificuldade de trabalhar e de cultivar a terra para a produção de frutos e outros produtos. Mais uma vez, essas maldições significam uma explicação existencial a respeito de certas coisas na vida. O escritor acredita que arar a terra é extremamente laborioso porque ela está amaldiçoada. É muito difícil fazer a terra render toda a sua bondade para nós. Uma serpente amaldiçoada simboliza pensamentos negativos que nos colocam em apuros.

A idéia de que as mulheres devem ser dependentes dos homens foi acrescentada à história pelo escritor bíblico. Tecnicamente, o versículo 3:16 do Gênesis é chamado de acréscimo feito por um escriba. Foi acrescentado para explicar por que ele acredita que as mulheres devem ser dependentes dos homens. Esse não foi um decreto divino!

Gay Lynn: Temos estudado a fábula de Esopo da galinha dos ovos de ouro. A ganância do fazendeiro fez com que ele matasse a galinha.

Rocco: Isso não é típico dos seres humanos? Descobrimos alguma coisa que pode realmente ser produtiva e a sugamos até a última gota. E então acabamos por perdê-la. Para mim, a preciosidade da vida está no fato de que a vida bota apenas um ovo por vez. E você só pode viver um segundo de cada vez. É tudo. Você não pode viver cinco segundos à frente, três segundos à frente. Você só pode viver no momento que está ocorrendo. É claro que quando começo a pensar: "Vou viver no agora", o *agora* já se foi. Portanto, você

> É claro que quando começo a pensar: "Vou viver no agora", o *agora* já se foi. Portanto, você não pode *pensar* isso – o pensamento nunca pode viver no agora. É impossível. Podemos viver no agora no nível do *ser*, e não no do pensar.

não pode *pensar* isso — o pensamento nunca pode viver no agora. É impossível. Podemos viver no agora no nível do *ser*, e não no do pensar.

Gay Lynn: Como aplico isso à minha vida? O ser — eis o lugar onde realmente sou desafiada.

Rocco: O desafio está aí porque estamos intelectualizados demais. Caso contrário, isso não seria algo tão desafiador, pois seríamos naturais. Não deveríamos estar pensando a respeito da vida; deveríamos estar simplesmente vivendo. Isto não significa que estou pondo de lado o pensamento. O pensamento ou o pensar vêm como um resultado do viver — não como um prelúdio. Nossa dificuldade está em querermos colocar o pensamento em primeiro lugar, antes do acontecimento real. É o contrário. O acontecimento sempre ocorre primeiro, e em seguida o pensamento. Podemos pôr fim a esse conflito parando de pensar, tomando consciência do momento, vivendo-o plenamente. No momento em que penso a respeito dele, já estou no passado. Meu ser está sempre no agora. Minha mente está sempre um segundo atrás. A verdade não é uma doutrina em si. É um coração equilibrado que está vivendo no agora.

David: Como aprendemos a viver os momentos de ouro?

Rocco: Tentando não diferenciá-lo. O próprio fato de eu chamá-lo de momento de ouro significa que o estou analisando, que estou fazendo uma comparação. O pensar faz com que eu compare. Embora cada momento em particular seja dourado e precioso, alguns momentos são mais importantes que outros. Quando introduzo isso no meu processo de pensamento, faço uma comparação. Estou medindo tudo o que estou vivendo. E a medição é realmente aquilo que o destrói. Cada segundo tem sua própria preciosidade. E é incomparável.

> A verdade não é uma doutrina em si. É um coração equilibrado que está vivendo no agora.

Gay Lynn: Estamos incomodados com o nosso corpo. Disseram-nos que a sexualidade é um mal. Estamos lutando com a nossa natureza.

Rocco: Um rabino me disse certa vez: "Somos as únicas criaturas que temem a própria natureza." Em hebraico, as palavras para "macho" e "fêmea" são as formas dos órgãos reais do corpo, os órgãos sexuais. A palavra utilizada para

Um rabino me disse certa vez: "Somos as únicas criaturas que temem a própria natureza."

"fêmea" significa um túnel ou uma caverna. E o "macho" é a protuberância. Em inglês, perdemos o imaginário semita que descreve a forma da energia. A forma do órgão sexual é a forma da energia.

Gay Lynn: Muitas pessoas que estão à beira da morte descrevem a visão de um túnel. Acho interessante o fato de que, no portal do nascimento, atravessamos um túnel que chamamos de canal do nascimento, e na morte somos recebidos dentro de um túnel. A energia feminina é proeminente tanto em nossa chegada como em nossa partida, no nascimento e na morte.

Rocco: A energia feminina também é morte. Pois é rarefação, é leve, aérea, um tempo de voar. É por isso que a maconha e outras drogas são energias femininas — porque elas viciam, e você flutua e não se apega a nada. A energia masculina é a energia do arraigamento.

Gay Lynn: Assim, talvez parte do nosso problema consista em estarmos excessivamente ligados à terra.

Rocco: Mas esse é o problema — é por isso que muitos procuram as drogas, porque perdem contato com a energia feminina dentro de si mesmos. Eles procuram substitutos externos para essa energia.

Gay Lynn: Estivemos na Flórida durante as férias da primavera e notamos que muitos estudantes passavam grande parte do tempo bêbados. Percebi que a forma clássica de educação — cerebral, intelectual — não deixa espaço para a energia feminina. Assim, esses estudantes cambaleavam de um lado para o outro com uma cerveja em cada mão, tentando entrar nesses sentimentos rarefeitos e aéreos.

Rocco: É fácil ver que nossa cultura é supermasculinizada! Parece engraçado, mas é verdade. É por isso que as pessoas procuram as drogas e o álcool, pois perdem contato com a energia feminina dentro de si. A chave é equilibrarmos essas energias: compaixão com afirmação, repouso com atividade, alegria com trabalho. O segredo é o equilíbrio.

Esse Nascimento Acontece na Escuridão

Esse nascimento acontece na escuridão
E não somente o Filho do Criador celestial
nasceu na escuridão —
mas você também
nasceu aí
como um filho do mesmo Criador celestial
e de nenhum outro.
E o Criador
estende esse mesmo poder
a você
a partir do divino leito da maternidade
localizado na Divindade
para dar à luz eternamente.

MEDITATIONS WITH MEISTER ECKHART
POR MATTHEW FOX
EXTRAÍDO DE THE TEACHINGS OF MEISTER ECKHART

9

Abraçar nossa Divina Mãe

Bendito é o Fruto do Vosso Ventre

O Feminino Divino influenciou os homens que escreveram os textos conhecidos como Bíblia. Suas inspiradas metáforas e imagens repetidamente apresentaram Deus como uma Mãe dando à luz. Esse fato pode parecer estranho e até mesmo chocante para aqueles que pensam que conhecem a Bíblia, mas leram essas passagens do princípio ao fim e não as viram com seus olhos.

Isaías, poeta-profeta, retrata Deus sentindo as dores do parto, gemendo diante da falta de preocupação pela justiça:

Desde o princípio, tenho estado silencioso,
Tenho permanecido imóvel, mantendo-me contido.
Gemo como uma mulher em trabalho de parto,
Sufoco, reprimo.

Isaías 21:3

Mais uma vez, Isaías vê imagens do ventre divino quando Deus declara:

Ouvi-me, ó casa de Jacó,
Tudo o que resta da casa de Israel;
Vós a quem desde o nascimento carrego
E levo nos braços desde o ventre materno.
Até a vossa velhice continuo o mesmo,
Até vos cobrirdes de cãs continuo a carregar-vos:
Eu vos criei e eu vos conduzirei;
Eu vos carregarei e vos salvarei.

Isaías 46:3-4

Rachem em hebraico significa "útero" e está estreitamente relacionado com *rachum* ou *racham*, em geral traduzido por "compaixão". Essa compaixão implica uma nuança do uso antigo da palavra, um amor semelhante ao da mãe pelo filho ainda no ventre.

Como podemos ter negligenciado ou ignorado, em nossas sinagogas e igrejas, declarações tão óbvias?

Olvidaste a Rocha que te deu à luz, e te esqueceste do Deus que te deu o ser.

Deuteronômio 32:18

O apóstolo cristão Paulo de Tarso, um judeu grego com refinada educação tanto em grego como em hebraico, estava bem ciente de *rachem* e *rachum*, útero e compaixão, quando citou, dos poetas gregos: "Em Deus vivemos e nos movemos e temos o nosso ser" (Atos 17:28).

O útero não é mencionado de maneira explícita, mas Paulo claramente faz alusão à experiência do útero. Vivemos no útero cósmico da Mãe Santa. Somos alimentados pelo seu corpo e tudo de que precisamos nos é suprido. Estamos intimamente ligados e sintonizados nela.

Não apenas estamos na divina matriz, mas também somos convocados a dar à luz Deus em nossa vida cotidiana. Paulo usa essa imagem em Romanos 8:22 (*Bíblia de Jerusalém*): "Desde o princípio até agora, toda a criação, como a conhecemos, esteve gemendo num ato de dar à luz: e não apenas a criação, mas todos nós que temos as primícias do Espírito também gememos interiormente, suspirando pela regeneração do nosso corpo. Estamos no processo de parto em nossa vida, prontos e capazes de dar à luz, como homens e mulheres, as "primícias do Espírito". Isto se refere ao parto do bem de Deus em nossa vida cotidiana e, por meio disso, no mundo. Estamos todos prenhes da Divindade! Deus só pode fazer por nós o que deixamos que Ele faça através de nós.

Desde o princípio até agora, toda a criação, como a conhecemos, esteve gemendo num ato de dar à luz: e não apenas a criação, mas todos nós que temos as primícias do Espírito também gememos interiormente, suspirando pela regeneração do nosso corpo. Estamos no processo de parto em nossa vida, prontos e capazes de dar à luz, como homens e mulheres, as "primícias do Espírito". Isto se refere ao parto do bem de Deus em nossa vida cotidiana e, por meio disso, no mundo. Estamos todos prenhes da Divindade!

Dar à Luz uma Nova Humanidade

Para ajudar nossa compreensão de como o Masculino e o Feminino Divinos unem-se em nós, concebem e geram uma nova criação e dão à luz em natividade novas expressões vitais do bem, empreendemos anos de estudos espirituais — meditando, pesquisando, entrevistando muitas pessoas, analisando nossos sonhos, participando de conferências, lendo a Bíblia e vasculhando centenas de livrarias e bibliotecas por todo o país.

Dedicamos especial atenção à meditação sobre a vida de Jesus como a pessoa bem equilibrada que respeitou ambas as qualidades do masculino e do feminino dentro de si mesmo e respeitou homens e mulheres em sua vida. Em aramaico, a língua que Jesus falava, ele com freqüência utilizava o termo *abba* como para designar Deus. *Abba* era uma expressão íntima, afetuosa, como "papai" ou "paizinho", e era a palavra que melhor compreendia a idéia de "mãe" na época de Jesus. Hoje, na nossa sociedade, não é apenas apropriado mas também necessário incluir a maternidade junto com a paternidade de Deus.

Em nossas meditações a respeito de Jesus, uma imagem de grande força e criatividade nos foi revelada. Vimos no rabino da Galiléia uma pessoa completa, expressando o todo de Deus. As pessoas, às vezes, temem e entendem erroneamente a união interior da mente e do coração, do masculino e do feminino. Não se trata de tornar os homens mais parecidos com as mulheres e as mulheres mais parecidas com os homens. Não estamos falando de sexo, mas de um equilíbrio espiritual *interior* de energias. Vemos Jesus como uma pessoa completa — unindo sabedoria e amor, força e gentileza, pragmatismo e visão, ação e repouso. Ele incorpora o analítico e o intuitivo, o erudito e o místico, o disciplinado e o livre, o exterior e o interior. Ele respeita homens e mulheres plena e igualmente.

**Jesus sabia que estava gerando uma nova consciência da humanidade nessa hora e descreveu as contrações desse momento com as imagens de uma mulher em trabalho de parto. "Quando a mulher está para dar à luz, sente dor, porque sua hora é chegada; mas depois que a criança nasce, já não se lembra da aflição devido à alegria de ter trazido ao mundo um ser humano."
(João 16:21 NRSV)**

No cenáculo, local da Última Ceia, Jesus concedeu a seus discípulos o poder de ser uma força criativa e transformadora. Reconhecemos que o cenáculo e o cálice da Santa Ceia são mais que um lugar e um objeto cerimonial; reconhecemos neles símbolos do útero. No cenáculo-útero, uma nova humanidade estava sendo concebida, celebrada e entregue ao mundo.

Jesus sabia que estava gerando uma nova consciência da humanidade e descreveu as contrações desse momento com as imagens de uma mulher em trabalho de parto. "Quando a mulher está para dar à luz, sente dor, porque sua hora é chegada; mas depois que a criança nasce, já não se lembra da aflição devido à alegria de ter trazido ao mundo um ser humano" (João 16:21 NRSV).

Nas últimas horas de sua vida, Jesus descreve a experiência uterina. Lá, na câmara de parto, com os amigos a quem amava e com quem mais contava, partilhou das "agonias do nascimento" daquilo que estava em via de encarar na metamorfose de sua própria morte e ressurreição, comparando-se a uma mulher em trabalho de parto e repetindo a frase-chave: "é chegada a hora" (João 17:1).

Jesus deu a cada um de nós uma imagem de como passar pela nossa própria liberação. Ele estava calmamente equilibrado na verdade do seu ser e impelido pelas contrações, respirando e dando à luz uma nova realidade e uma nova realização de vida para todos nós. Depois da ressurreição, ele encarregou a todos nós de um trabalho de paz, dizendo a seus discípulos: "A paz esteja convosco. Assim como o Pai me enviou, eu vos envio." Ao dizer isso, soprou sobre eles e lhes disse: "Recebam o Espírito Santo" (João 20:21-22 NRSV). Hoje, aquelas que querem ter seus filhos de parto natural são informadas de que a respiração profunda é essencial nesse importante ato de dar à luz a uma nova expressão de vida. Jesus estava ciente disso quando soprou sobre seus discípulos.

Jesus nos convidou a nos juntarmos a ele demonstrando a nova humanidade quando disse: "Aquele que permanece em mim, e eu nele, esse dá muito fruto..." (João 15:5 RSV). Quando lemos os capítulos 14, 15 e 16 do livro de João, ouvimos as palavras da consciência de Cristo no cenáculo de nossa alma, que se torna agora o nosso útero, inspirando-nos a carregar essa consciência de Cristo e a fazê-la nascer para o mundo.

E o que está vindo à luz através de nós? Lemos em Gálatas 5:22: "O fruto do Espírito é amor, alegria, paz, paciência, benignidade, bondade, fidelidade, mansidão, autodomínio." Mantemos contato consciente com o divino e geramos mais de Deus como um parto de amor.

"Devemos pensar
em Deus tanto como Mãe
quanto como Pai. Devemos
pensar sobre isso e
venerar a Santa Mãe,
falar para a Santa
Mãe e ingressar
nessa consciência
da Santa Mãe
dentro de nós."

— Charles Fillmore
27 de janeiro de 1929

Revelações de um Místico Moderno: Charles Fillmore

Charles e...

Myrtle Fillmore

Os ensinamentos da Unity nos têm proporcionado um fundamento sólido que ajudou nossa fé a crescer. Fomos muito inspirados pela Unity e atraídos por ela devido ao fato de ela ter sido fundada por um casal, marido e mulher. Charles e Myrtle Fillmore deram início a um novo movimento espiritual. Eles modelaram uma mescla de liderança Feminina e Masculina que diferia radicalmente de qualquer outra organização religiosa no final do século XIX.

Ali estava um novo modelo: marido e mulher que foram parceiros espirituais, iguais, professores mundiais e portadores de luz para uma sociedade que oprimia tanto homens quanto mulheres, estereotipando-os e tratando-os com iniqüidade. Seu exemplo nos encorajou a ver, a partir da perspectiva de Cristo, nossa espiritualidade e nossa humanidade comuns, e a superar a nossa condição de criaturas expulsas de um paraíso, onde as mulheres perderam o sentimento do poder e os homens perderam o poder do sentimento.

Myrtle e Charles Fillmore, em sua abordagem de uma espiritualidade equilibrada, dirigiram-se a Deus como Mãe e como Pai. Queríamos encontrar algo

> **Seu exemplo nos encorajou a ver, a partir da perspectiva de Cristo, nossa espiritualidade e nossa humanidade comuns, e a superar a nossa condição de criaturas expulsas de um paraíso, onde as mulheres perderam o sentimento do poder e os homens perderam o poder do sentimento.**

especial nos escritos dos Fillmore que refletisse essa consciência do equilíbrio. Quando estivemos na Unity School, em Kansas City, aproveitamos a oportunidade para pesquisar os arquivos. Descobrimos um tesouro — o manuscrito de uma mensagem de domingo a respeito do Espírito Santo proferida por Charles Fillmore. Gritamos de alegria ao ler essas palavras, imaginando estar lá quando foram lidas pela primeira vez, em 1929.

Imagine aquela fria manhã de domingo de janeiro de 1929. Charles Fillmore, um homem de 75 anos, de cabelos brancos, dirigiu-se à sua congregação na Unity Society of Practical Christianity, no número 913 da Tracy Street, em Kansas City.

Era uma época de otimismo sem paralelo para muitas pessoas. A Unity School, que Charles Fillmore fundara com sua esposa Myrtle, cresceu muitíssimo nesse período, mais do que em qualquer outro, com sua mensagem positiva e inspirada que vinha ao encontro da vibração do momento. A maioria de nós não se lembra do que foi a década de 20. Pela primeira vez, a América podia antever o sonho de se ver livre da pobreza e do trabalho pesado. A "guerra para acabar com todas as guerras" acabara de ser vencida. Uma mágica nova ordem seria construída sobre uma nova ciência, e a perspectiva da prosperidade enchia os corações americanos. As pessoas podiam visualizar milhões de carros nas estradas e céus pontilhados de aeroplanos. Fios de alta tensão transportariam energia para todos os cantos do país, levando eletricidade a milhares de aparelhos e de máquinas poupadoras de mão-de-obra. A maravilha do rádio interligava o país. Arranha-céus como o Empire State Building erguiam-se acima das metrópoles com seus arcabouços de concreto, pedra e metal, transformando em anãs as pequenas cidades e aldeias.

Quem poderia prever que numa terça-feira, em 29 de outubro de 1929, o mercado de ações entraria em colapso, e no final do ano seguinte o desemprego atingiria quase seis milhões de pessoas? A depressão econômica levaria a outra guerra mundial inimaginavelmente devastadora. Não obstante, naquela manhã do mês de janeiro, um homem visionário, de espírito indomável, disse algumas palavras de sabedoria atemporal para dar à luz nossas vidas.

Imagine que você está ouvindo, na WOG, emissora de rádio da cidade, esse homem jovial chamado Charles Fillmore dirigir-se a sua congregação. Intrigado com sua mensagem e com sua abordagem, você decide assistir ao culto do domingo. Como faz muito frio, você esquenta o Studebaker 1929 pelo qual sua família acaba de pagar 895 dólares, e que você dirigiu até o teatro na noite anterior para ver o humorista da época, Will Rogers, no seu novo espetáculo.

Você chega um pouco cedo e é calidamente bem recebido. Toma lugar no auditório simples, a leste da região central de Kansas City, e o sr. Fillmore começa a falar sobre o Espírito Santo. O programa não chama a isso de sermão, mas de uma simples palestra. Ele fala com uma eloqüência refletida e tranqüila, tão interessada em ciência quanto em religião.

Chamarei novamente a atenção de vocês para o assunto da lição desta manhã. Lembrem-se, vocês todos estão aqui apenas como estudantes, não para ouvir um sermão, mas sim uma interpretação de um certo princípio fundamental do cristianismo: a saber, a terceira "pessoa" da Trindade: Pai, Filho e Espírito Santo.

A doutrina da Trindade não nasceu com o cristianismo, como se costuma pensar. Foi introduzida nele por um eminente erudito de Cartago e, como grande parte das doutrinas cristãs, tem origem pagã; não obstante, é boa, e foi aceita pelos nossos padres cristãos porque era verdadeira.[1]

Quando compreendemos o verdadeiro caráter do Espírito Santo, vemos que foi e continua sendo venerado pelos homens em toda parte. O Espírito Santo é, digamos, o Feminino Divino de Deus. Sabemos que Deus é Sabedoria, que Deus é Amor. Amor é o Espírito Santo, ou o Feminino Divino, e este é a Mãe Santa; e se vocês entendem por que a Mãe Santa é venerada com tanta devoção por certas pessoas religiosas, poderão ver, ao mesmo tempo, que estão procurando e convidando, curvando-se em reverência e utilizando um certo Princípio Divino, e esse Princípio pode ser utilizado de uma maneira mais ampla e pode ser mais bem compreendido se o levarmos para mais perto da nossa consciência.

O problema com quase todos esses grandes princípios do Ser, até onde eles nos dizem respeito, é a questão da separação. Nós estudamos esses princípios porque pensamos que estamos separados deles. Mas não estamos. O Espírito Santo está trabalhando na sua mente, no seu corpo, constantemente, mas apenas até onde você abre a ele a sua mente.

Ora, de acordo com esta Bíblia, os primeiros líderes dos filhos de Israel tinham uma concepção de Deus como Lei exata, sem amor, sem misericórdia, sem compaixão; "olho por olho, dente por dente", dizia a lei. Em outras palavras, a lei tinha de ser aplicada. Não havia perdão, não havia a graça do Senhor Jesus Cristo. Isso veio mais tarde. Quando veio, trouxe para a consciência de toda a família humana essa Mãe Santa ou o lado amoroso de Deus, e isso foi exemplificado e demonstrado pelo Senhor Jesus Cristo. Foi o próprio fundamento do princípio do perdão, e quando entendemos isso, ele nos proporciona uma compreensão mais sólida do que é redenção. Vemos que essa redenção é real-

1. A antiga "trindade" clássica a que se faz referência aqui compreendia Pai, Mãe e Filho.

mente o Espírito de Deus operando por meio do seu amor; e vocês sabem como é capaz de perdoar, de confortar e de reerguer o amor da mãe em seu grande amoroso coração. Ela vê apenas o bem e ignora todos os erros de sua prole. Isso é Deus enquanto Espírito Santo, e Deus enquanto Espírito Santo está realizando seu trabalho perfeito em nós, exatamente na medida em que o reconhecemos e permitimos que Ele o realize.

Quando o homem compreendeu esse poder do Espírito Santo para dissolver as duras condições da mente e do corpo em si mesmo, ele incorporou, e está trabalhando com o Princípio que dissolverá não apenas a dureza de seu coração, mas que dissolverá a dureza de todo o corpo, os centros nervosos congestionados, ou as avenidas congestionadas ao longo das quais acontece a circulação do seu corpo. Isso mostra que há uma aplicação abrangente desses princípios, e quando entendemos o poder do amor e nos entregamos à compaixão amorosa, à ajuda amorosa e ao conforto do Espírito Santo, entramos numa relação inteiramente nova com Deus. Esse velho Deus Jeová perde seu controle sobre nós e, não obstante, não podemos nos dissociar da lei. Todos nós nascemos sob a lei, mas a lei pode ser iluminada. Podemos colocar a pétala macia sobre essa lei rígida e exata da Verdade que vem sempre exatamente como é mostrada. Vemos um novo caminho, vemos um caminho melhor; esse caminho é trilhado por meio do poder desse Amor Santo.

Ora, Jesus Cristo conhecia essa lei, e aplicou-a na grande obra de redenção que realizou. Ele alcançou o limite da consciência masculina e disse que devia ir, mas que em seu lugar viria esse Espírito Santo, e que era conveniente que ele fosse. Se ele não fosse por esse caminho pessoal e não se dissolvesse no Espírito Santo, não poderíamos ter esse Espírito dentro de nós. Vocês não poderiam receber esse Jesus pessoal em suas mentes. Vocês devem obtê-lo por meio da dissolução, ou, deveríamos dizer, por meio do ingresso da mente no princípio universal onde todos nós teríamos acesso a ela. Vocês nunca têm acesso à mente de uma personalidade; mas, se imaginarem que essa personalidade está dissolvendo a sua personalidade, elevando-a até um plano superior e irradiando-a de modo que todos possam ter acesso a ela, vocês poderão ter um vislumbre, uma concepção do que Jesus Cristo fez quando ascendeu aos céus, quando irradiou os átomos, ou melhor, os elétrons, do seu corpo. Eles se tornaram propriedade de toda a raça humana. Ele nos deu sua vida pessoal, e esse foi um grande sacrifício. Estamos nos apropriando desses elétrons, ou dessas energias divinas que ele liberou. Ele foi a vida do mundo. Foi também a luz do mundo, o calor do mundo, se quiserem; porém, não podia expressar-se nesse plano até que se tornasse a Mãe Santa, até que fosse a mãe de todos nós.

Disseram-nos que esse Espírito Santo significa o "consolador", porém ele é mais do que isso. Aparentemente significa "agente de cura", advogado, consolador, um amigo solidário. Significa tudo o que podemos conceber como o lado de Deus que oferece ajuda, acessível a cada um de nós, e o recebemos dentro de nós mesmos; mas enquanto for algo externo, enquanto vocês pensarem nele como uma entidade externa, não obterão o resultado, e o ponto crucial da questão é que devemos incorporar esse Espírito Santo em nosso espírito. Potencialmente, temos o Espírito Santo dentro de nós. Não poderíamos viver um só minuto sem um certo grau de atividade do Espírito Santo; mas podemos ampliar essa atividade. Nós a ampliamos até o ponto em que temos todo o Espírito Santo trabalhando em nós e através de nós.

Somos informados na nossa lição [da Bíblia] nesta manhã de que somos herdeiros junto com ele; herdeiros com Jesus Cristo. Apenas pensem sobre isso. Co-herdeiros do quê? De tudo o que o Pai possui. Somos co-herdeiros da liberdade do Pai, do poder, de todas essas qualidades dominantes que fazem de nós ditadores. Mas será que compreendemos que somos co-herdeiros do amor do Pai? E essa não é a qualidade paterna, tal como a concebemos. É uma qualidade materna; desse modo, devemos pensar a respeito de Deus tanto como Mãe quanto como Pai. Devemos pensar a respeito da Mãe Santa e venerá-la e dirigir a palavra a ela, e ingressar na consciência da Mãe Santa dentro de nós.

Em outras palavras, devemos nos tornar meigos e humildes, como uma criancinha que engatinha até a Mãe, senta-se em seu colo e repousa em seu seio. Podemos conseguir isso com um velho Jeová severo, duro e ditatorial? Temos de abandonar essa velha concepção e descer até o incondicional amor da Mãe.

Devemos pensar a respeito da Mãe Santa e venerá-la e dirigir a palavra a ela, e ingressar na consciência da Mãe Santa dentro de nós. Em outras palavras, devemos nos tornar meigos e humildes, como uma criancinha que engatinha até a Mãe, senta-se em seu colo e repousa em seu seio.

Confiem em tudo de bom que penetrou na vida de vocês quando vocês ingressaram no Espírito de Deus, no Feminino Divino, ou quando o descobriram. Não há outra maneira de entrar na vida eterna a não ser ativando o Espírito Santo. E cada vez que tiverem um pensamento da universalidade da vida, do amor, estarão intensificando esse espírito em vocês. Vocês o estarão vertendo sobre si mesmos, e poderão concentrá-lo sobre um indivíduo e dar a ele mais do Amor Divino por meio dessa inspiração ou efusão de suas preces; mas devem fazê-lo em nome do Espírito Santo de Deus. E aí está um dos maiores segredos da nossa evolução: a efusão dessa energia e dessa vida trancadas no homem, vertendo-as e unificando-as com o Espírito Santo. Jesus ensinou isso aos seus discípulos no dia do Pentecostes. O que eles tinham? Línguas de fogo; tinham uma nova capacidade, um novo fogo, o resultado dos princípios do Espírito Santo.

Essa capacidade e esse poder, esse cenáculo, está bem aqui, em cada um de nós. Não temos de ir buscá-lo fora. Vocês não precisam descobrir um cenáculo em algum edifício, mas, no interior da mente de vocês, do corpo de vocês.

> **Essa capacidade e esse poder, esse cenáculo, está bem aqui, em cada um de nós. Não temos de ir buscá-lo fora. Vocês não precisam descobrir um cenáculo em algum edifício, mas, no interior da mente de vocês, do corpo de vocês. Pensem a respeito de coisas divinas. Pensem a respeito da vida de Deus; e logo poderão sentir um contato entre esse cenáculo e o centro do amor na parte inferior do corpo de vocês.**

Pensem a respeito de coisas divinas. Pensem a respeito da vida de Deus; e logo poderão sentir um contato entre esse cenáculo e o centro do amor na parte inferior do corpo de vocês. Então começarão a perceber esses elementos ocultos. Estamos, cada um de nós, repletos de Amor Divino, mas não sabemos como expressá-lo, pois não fizemos contato com o Filho de Deus, o Cristo de Deus. Mas quando vocês obtêm o Cristo de Deus, o Eu sou Deus, unificado com a Mãe Santa, a Divina família e o amor de Deus, vocês têm o contato, vocês se unificam com os elementos positivos — e às vezes com os negativos — do Princípio Universal que realizará a sua perfeita salvação. E a beleza disso é que podemos começar com as pequenas coisas da vida; em cada pequeno aspecto da sua vida, incorporem esse Espírito Santo, não importa de que aspecto se trate. Pode ser que vocês precisem mais do Espírito, que vocês precisem mais do amor de Deus, da vida de Deus e da energia de Deus. Liberem e deixem fluir a força da vida. Dêem expressão a ela, dêem-lhe expansão. É através dela que vivemos, que nos movemos e que temos o nosso ser; através desse grande elemento universal, Deus.

Vamos, nesta manhã, dar graças por estarmos ingressando na atividade do Espírito Santo; que a ação do Espírito Santo em nós, exatamente agora, seja vertida no mundo, por todo o mundo ao nosso redor, o novo Princípio doador da vida. À medida que vivemos, tudo vive. À medida que fazemos contato com o Espírito, manifestamos a nossa luz.

Aqueles que ouviram o sr. Fillmore naquela manhã podem não ter percebido que essas antigas concepções seriam consideradas tão radicais e inaceitáveis para as igrejas dos grandes centros que seriam necessários 60 anos para que suas idéias voltassem a ser tratadas em escritos e em discussões sérias, iniciadas, na maioria dos casos, por mulheres estudiosas em seminários por toda a América. O moderno místico de Kansas City estava habitualmente muito adiante do seu tempo.

Em 1929, o sr. Fillmore viu essa negação do Feminino Divino interior em nós mesmos e, profeticamente, convocou-nos para curá-lo antes de mais nada. Devemos realizar essa tarefa santa e salutar em favor da humanidade e em favor da Terra. Que nos ocupemos dos negócios de nosso Pai e de nossa Mãe.

Uma Bíblia em que Deus é "Pai-Mãe"

Oferecemos um espectro de vozes vindas das mais variadas formações e denominações. Deu-se especial atenção e ênfase à Bíblia porque, embora não seja, de maneira alguma, o único livro que proporciona uma fonte espiritual para a humanidade, constitui certamente uma poderosa influência para muitos que estão lendo este livro. Acabamos de ler Charles Fillmore falando na década de 20. Ele representa uma perspectiva metafísica do Novo Pensamento. Paul Smith fala em seguida como pastor batista e professor da Bíblia. Para que não se considere essas e outras vozes em nossas entrevistas como não convencionais e afetadas por visões do tipo *new age*, chamamos a atenção para o *The New Testament and Psalms — An Inclusive Version*, publicado pela Oxford University Press.

O texto dessa versão da Bíblia, baseado na New Revised Standard Version, apresenta a prece de Jesus, hoje conhecida como "Pai Nosso", numa linguagem abrangente. Não o faz para ser politicamente correto mas, como encontramos ao longo deste livro a palavra "*abba*", usada por Jesus para se dirigir ao Pai, é uma designação afetuosa e seria o termo mais próximo que ele poderia usar na sua cultura capaz de incluir uma concepção paternal e ao mesmo tempo maternal da Presença Divina. Desse modo, a prece começa assim: "Pai-Mãe de todos nós que estás no céu..."

A eminente equipe de estudiosos que editou a versão acima citada, explica na sua introdução:

> *Os editores se comprometeram a acelerar mudanças no uso do inglês para dar-lhe um sentido holístico. O resultado é outro passo no processo contínuo de verter as Escrituras numa linguagem que reflita a nossa melhor compreensão da natureza de Deus, da humanidade e divindade de Jesus Cristo e da totalidade dos seres humanos...*
>
> *Os seres humanos são criados à imagem de Deus — tanto o homem quanto a mulher. Isso significa que cada ser humano, mulher ou homem, menino ou menina, é igualmente precioso para Deus e deve ser tratado como tal. Desse modo, o igual valor de todas as pessoas, de ambos os sexos, de todas as raças, religiões e diferentes condições físicas é estabelecido como premissa por essas preocupações bíblicas centrais.*

Chamo você
de Mãe porque
você é o doce
e meigo Espírito
de Deus!

Paul Smith

Kansas City, Missouri

Paul Smith: A Coragem de Chamar Deus de Mãe

Assim como a mórmon Carol Lynn Pearson, descobrimos, em nosso afortunado encontro com o batista do sul, o pastor Paul Smith, que os ovos de ouro da maternidade e da paternidade podiam ser encontrados em alguns lugares improváveis. A verdade não está limitada a uma denominação, mas poderá vir à tona onde quer que almas abertas e receptivas corajosamente a abracem.

Paul Smith é pastor na Broadway Baptist Church, na histórica área de Westport, Kansas City. Ele se ergueu em favor da igualdade em muitas frentes. Mais recentemente, propôs a inclusão, baseada na Bíblia, da maternidade de Deus e escreveu um livro erudito, maravilhoso e de leitura agradável, *Is it Okay To Call God "Mother"?* Em seguida, passou a insistir não apenas na plena inclusão da mulher em todos os departamentos e funções de sua igreja local, mas estendeu essa inclusão a *gays* e lésbicas. Muitos fiéis se afastaram de sua igreja, mas Paul tem a coragem de suas convicções de amor cristão, e tem insistido para que todas as pessoas sejam tratadas com igualdade. Seu livro está banido da rede de livrarias dos batistas do sul em todo o país. Ele encara com bom humor as reações e polêmicas que suas idéias criaram.

David: Como tem sido a sua jornada? Fale-nos de suas convicções e do seu testemunho de fé.

Paul: Eu entendo! Como foi que um batista do sul, vindo de um Deus de inferno-fogo-e-enxofre, acabou fazendo o que eu tenho feito?

David: É exatamente isso.

Paul: Tenho tido uma briga ferrenha com a igreja desde que era adolescente. Cresci na igreja batista do sul, e eles viviam dizendo: "Leia a Bíblia. Leia o Novo Testamento." Foi o que eu fiz. Li o Novo Testamento e disse que minha igreja não se parecia com ele. Minha igreja era realmente abusiva. Era conservadora. Então considerei a mim mesmo como uma mosca varejeira na garupa da igreja, e sempre pensei que poderíamos ser mais, que poderíamos fazer melhor. Jesus estabeleceu um movimento de reforma que nunca parou de reformar a si mesmo. Nós nos contentamos com reformas feitas centenas de anos atrás em vez de fazer o que todos vocês estão fazendo hoje.

Eu me considero evangélico, carismático, liberal! Penso que todos precisamos de Jesus. Rezo em línguas e chamo Deus de "Mãe". Algo que deve ofender a todos!

Como batista, li a Bíblia e então eu disse: "Bem, Senhor, seu Espírito nos é dado para nos dizer como isto se aplica aos dias de hoje. E será uma resposta diferente do que era cem anos atrás."

Portanto, essa é a minha postura básica. Também quero aprender qualquer coisa que Deus esteja fazendo em qualquer lugar do mundo, independentemente dos rótulos. Aprendi a curar com os selvagens pentecostais. Aprendi as maravilhas da meditação com a Unity. Meu pai espiritual estudou Emmett Fox e os escritores da Unity. Desse modo, tenho sido muito eclético, embora eu admito, sob uma aura de encanto "batista", por assim dizer. Eu me considero evangélico, carismático, liberal! Penso que todos precisamos de Jesus. Rezo em línguas e chamo Deus de "Mãe". Algo que deve ofender a todos!

Gay Lynn: Quando você percebeu que Deus é Mãe em nossas vidas?

Paul: Suponho que essa jornada começou há 15 anos, quando decidi questionar o ensinamento dos conservadores, segundo o qual os homens deveriam estar no comando e as mulheres deveriam ser capachos. Eu sabia que havia algo de muito errado nisso. Resolvi ouvir as teólogas feministas cristãs. Terminei refazendo totalmente a minha teologia. Eu me arrependi publicamente. Como você sabe, arrependimento significa mudança em nossas mentes e o reexame constante de nossas crenças. Não podemos apenas nos agarrar às crenças que tínhamos no passado, sem examinar idéias novas e melhores e sem estar abertos a elas.

Terminei refazendo totalmente a minha teologia. Eu me arrependi publicamente. Como você sabe, arrependimento significa mudança em nossas mentes e o reexame constante de nossas crenças. Não podemos apenas nos agarrar às crenças que tínhamos no passado, sem examinar idéias novas e melhores e sem estar abertos a elas.

Desse modo, olhei para a ética central do Novo Testamento, de igualdade e de parceria. Qualquer coisa que seja *estar numa posição de vantagem* — seja no governo, na política, nos negócios, nas relações sociais, na educação ou na igreja — não é a ética bíblica.

Preparei uma grande noite para mim e minha mulher: fiz o jantar, brindei a ela e contei-lhe que queria que o nosso casamento fosse de parceria e de igualdade. Ela não tinha a menor idéia do que eu estava falando. Ela nunca soube que não era livre! Isso estava na minha mente, e eu tinha de enfrentar a mim mesmo, e não a ela.

O verdadeiro teste dessa questão de igualdade surgiu quando decidimos que três dos nossos sete pastores da Broadway Baptist seriam mulheres. Isso foi realmente transformador: começar a tratar as mulheres de nossa igreja como profissionais, parceiras no ministério e iguais. Temos uma tríade de cura de gênero a realizar. Temos de ver a imagem de Deus no macho e na fêmea. Só então, acredito, podemos começar a ver a face feminina de Deus. Se não posso ver a imagem de Deus em você, eu com certeza não posso chamar Deus de "Mãe". Se você é fraco e mau e sedutor e embotado, então como posso aplicar isso a Deus? Tenho de me arrepender da minha linguagem no que se refere às mulheres. Tenho de parar de me referir a nós como "pastores e nossas mulheres". É um terrível desserviço, atualmente, falar sobre "a humanidade", como se os homens fossem tudo. É aviltante. Temos de mudar a velha linguagem aviltante de muitos dos nossos hinos. Quando ouvimos incessantes vezes que Deus é Rei, Senhor, Pai, o que isso faz à nossa psique? Como diz Aldous Huxley: "Sessenta e oito mil repetições fazem uma verdade."

É um terrível desserviço, atualmente, falar sobre "humanidade" como se os homens fossem tudo. É aviltante. Temos de mudar a velha linguagem aviltante de muitos dos nossos hinos. Quando ouvimos incessantes vezes que Deus é Rei, Senhor, Pai, o que isso faz à nossa psique? Como diz Aldous Huxley: "Sessenta e oito mil repetições fazem uma verdade."

Então, a terceira parte da tríade consiste em lutar com o feminino nos homens e com o masculino nas mulheres, o que nos leva, em parte, à questão da homossexualidade. Perdemos exatamente 20% dos nossos fiéis no ano passado porque insisti que a nossa igreja fosse aberta a todos, independentemente da orientação sexual ou do sexo dos seus parceiros. Ganhamos muito mais do que perdemos quando abrimos nossas portas a todos os que procuravam uma autêntica comunidade espiritual. Acho que são essas as fronteiras da nossa fé, atualmente e nos dias que estão por vir. Estou profundamente interessado no encontro entre sexualidade e espiritualidade; elas estão realmente próximas uma da outra, como vocês sabem.

Gay Lynn: Também tentamos mostrar que nossa sexualidade e nossa espiritualidade estão relacionadas.

David: Porém, temos uma tradição religiosa que é construída em torno de uma mãe virgem e de um filho celibatário de Deus como modelos do bem supremo para a mulher e o homem.

Paul: Exatamente! Você disse bem! Não apenas isso, mas em todos os ícones e figuras cristãos você vê Maria tocando Jesus, mas nunca vê Maria e José tocando-se um ao outro. Que modelo terrível para a vida em família! Gosto de James Nelson. Ele é o melhor dos teólogos cristãos, creio eu, que discutiu a sexualidade e a espiritualidade.

Gay Lynn: Quais são os livros dele?

Paul: *Body Theology* e *Embodiment* são dois dos seus melhores trabalhos, na minha opinião. Meu próximo livro como pastor cristão será sobre homossexualidade.

David: Vemos que grande parte da depreciação dos *gays*, das mulheres, do aborto, do feminismo, e até mesmo do assim chamado movimento dos homens é, na verdade, um guerra contra o feminino. Isso está mexendo com velhos medos, preconceitos, controles, necessidades de poder. E por trás da maior parte desses esforços em pregar contra o feminino, o ato de pressionar os conselhos escolares a orientar acentuadamente a educação para os "valores da família" é um medo do feminino nos homens. Os homens têm medo de ver um lado feminino em si mesmos. Por isso, eles não apenas farão piadas, mas também matarão *gays* ou mulheres ou médicos que praticam o aborto, devido ao terror que sentem por essa parte de si mesmos.

Paul: O direito religioso é, com freqüência, extremamente opressivo com relação às mulheres e àqueles que eles vêem como homens que se assemelham a mulheres.

David: Você deu à luz uma igreja que procura praticar o exemplo moral e espiritual de Jesus, e pagou um preço por assumir essa postura. Certamente, houve dores de parto nesse nascimento.

Paul: Sim, dores de parto. Que imagem magnífica. Não é interessante que, dentre todas as coisas, os cristãos evangélicos estejam sempre falando a respeito de nascer novamente, e que essa seja uma imagem feminina? Dar à luz. É trabalho de parto.

Gay Lynn: E somos parteiros de almas.

Paul: Essa é uma das minhas palavras favoritas para o que fazemos! Vemos a obra que Deus está realizando na vida de alguém e apenas a ajudamos a nascer. Estamos lá para encorajar, apoiar, assistir e apanhá-la quando ela sair à luz.

> **Não é interessante que, dentre todas as coisas, os cristãos evangélicos estejam sempre falando a respeito de nascer novamente, e que essa seja uma imagem feminina? Dar à luz. É trabalho de parto.**

David: É obstetrícia espiritual. E o nascimento é sujo, confuso, barulhento e caótico.

Paul: Mas é tão excitante ser parte de uma outra pessoa! É como estar lá quando o bebê nasce. É um milagre, apesar de um tanto caótico. Perdemos outros 15% dos nossos fiéis quando começamos a tratar homens e mulheres com igualdade e a ter pastores mulheres. Eles usaram esse fato como desculpa para abandonar a igreja.

> **Perdemos outros 15% dos nossos fiéis quando começamos a tratar homens e mulheres com igualdade e a ter pastores mulheres. Eles usaram esse fato como desculpa para abandonar a igreja.**

David: Era demais para eles nascer novamente numa nova consciência e numa nova maneira de se relacionar.

Paul: Acho que uma das tarefas mais importantes dos líderes é causar perturbação.

David: Tenho partilhado desse papel de desafiar as pessoas a reavaliar, reexaminar, pesquisar, renovar, obter recursos e mudar de vida. Tenho uma paixão por mudanças positivas e por crescimento espiritual.

Paul: Assumi um grande compromisso ao arriscar quase tudo para viver esse caminho de amor criativo como pessoa e como pastor. Temos hoje uma grande oportunidade para irromper em direção a uma nova consciência, a um novo modo de relacionamento. E a base para esse nascimento contemporâneo não é realmente nova. Um dos meus amigos, Jan Clanton, acabou de escrever um livro denominado *Christ Sophia*. Ele apresenta a imagem de Jesus como Cristo Sofia, que modelou todas as coisas que as mulheres fizeram nessa sociedade — lavar os pés, servir, dar. Jesus foi a personificação da sabedoria, que é uma imagem feminina na tradição bíblica hebraica.

David: Você tem um capítulo no seu livro intitulado "A guerra contra as mulheres". Trata-se de uma guerra religiosa e cultural que existe desde há muito tempo?

Paul: Não há dúvida quanto a isso. Se os cidadãos de um país tratam os cidadãos de outro país como servos, como propriedade, e violam constantemente seus direitos e sua liberdade, como isso seria chamado? Se um país, de maneira sistemática, abusou, oprimiu e saqueou o povo de outro país, e então afirmou que a imagem de Deus se parecia apenas com o povo de seu próprio país, isso poderia ser considerado uma guerra contra o outro país?

Gay Lynn: Atacar mulheres fortes e de pensamento independente é algo especialmente popular no âmbito do direito cristão, mas Jesus se referia a si mesmo como uma pessoa dando à luz, e se comparava a uma mãe. Ele dizia que temos de nascer repetidas vezes. Ele tratava todas as pessoas como iguais.

Paul: É verdade. Jesus sempre estava aceitando pessoas que normalmente não eram aceitas na sua sociedade. Ele parece ter visto a si mesmo em ambos os papéis, masculino e feminino. Em Lucas 13:34 ele se compara a uma galinha que anseia por reunir sua prole sob suas asas. Não estou sugerindo que Jesus estivesse confuso a respeito de sua identidade sexual. Ao contrário. Jesus estava tão seguro de sua identidade como expressão de Deus que podia utilizar uma imagem feminina para transmitir seu cuidado e sua preocupação apaixonados pelo bem-estar de todas as pessoas.

David: Desse modo, Jesus imagina a si mesmo como uma mãe e também como uma mulher em trabalho de parto para a qual chegou a hora de dar à luz um amor novo e maior para o mundo?

Paul: Com toda a certeza, como lemos em João 16:21: "Quando uma mulher está em trabalho de parto, sente dor, pois a sua hora é chegada. Mas quando nasce a criança, já não se lembra da aflição, devido à alegria de ter dado à luz um ser humano."

Imaginar Cristo como universal, incluindo o macho e a fêmea, como Jesus fez, é difícil para muitos. Por exemplo, algumas pessoas têm reações violentas à minha imagem de *Christa*, uma escultura de Jesus-mulher pendurado na cruz. Quando a escultura original de *Christa*, de Edwina Sandy, é exibida, sempre há fortes reações negativas por parte de algumas pessoas.

Mas há também respostas positivas a essa comovente escultura, tais como um poema anônimo manuscrito que foi afixado num quadro de avisos da catedral de São João Evangelista, em Nova York, quando *Christa* estava sendo exibida ali.

Gay Lynn: Você poderia repetir esse poema para nós?

Paul: É claro.

Ó Deus,
graças à imagem de uma mulher
crucificada na cruz
finalmente eu compreendo.

Durante mais de metade da minha vida
tenho me envergonhado
das cicatrizes que carrego.

Essas cicatrizes contam uma feia história,
uma história comum,
sobre uma garota que é a vítima
quando um homem dá vazão às suas fantasias.

No calor, na paz e na luz solar da sua presença
fui capaz de relaxar os punhos firmemente cerrados.
Pela primeira vez
senti a sua presença sofredora comigo
naquele incidente.
Conheci você como um bebê vulnerável,
como um irmão e como um pai.
Agora, conheço-o como mulher.
Você esteve lá comigo
como a garota violada
pega em desamparado sofrimento.

Os grilhões da vergonha e do medo
não prendem mais o meu coração e o meu
corpo.
Um fogo morno de compaixão e de clemência
foi aceso.

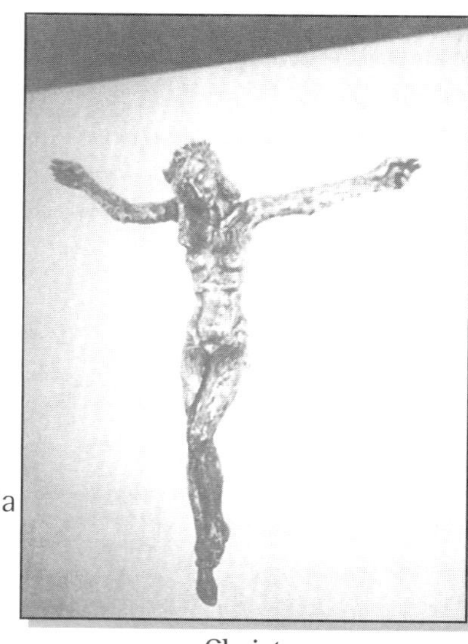

Christa

Minhas lágrimas caem agora
pelo homem, assim como pela mulher.

Você não se envergonhou de suas feridas.
Você as mostrou a Tomé
como marcas da provação e da morte.
Não esconderei mais as minhas feridas.
Eu as ostentarei dignamente.
Elas contam uma história de ressurreição.

ANÔNIMO

Nossa Mãe Amor

Deus, sois Pai? Sois
Amor, e nossa Mãe também.
A compaixão não tem forma,
Eu sei disso e, apesar de tão quente
E materno – próximo e real
É Deus, às vezes, eu sinto,
Atraído para um coração cujo ser
É imenso demais, próximo demais para se ver.
Nossa Mãe, Amor, não estás
Separada nem distante,
Não estás mais afastada de mim
Que minha própria caridade.
Jamais deverei desenhar
Seu invisível rosto secreto
Até que eu queira que os meus próprios olhos
Aprendam a olhar o amor-sabedoria.
Meus olhares de bondade
Abriguem a orfandade;

Meus pensamentos bondosos são asas brilhantes
De cura para coisas feridas.
Em vão devo procurar por ti,
A não ser no âmago do meu coração,
Não no céu acima de mim,
Mas no meu coração, como amor.

James Dillet Freeman

Créditos

Gostaríamos de agradecer às seguintes editoras e pessoas pela autorização de reprodução do material seguinte:

Excerto de *Discover the Power Within You*, de Eric Butterworth, © 1968, de Eric Butterworth. Reimpresso com autorização da HarperCollins Publishers, Inc.

Excerto de *The New Jerusalem Bible*, © 1985, de Darton, Longman & Todd, Ltd., e Doubleday, divisão da Bantam Doubleday Dell Publishing Group, Inc.

De *The Prophet*, de Kahlil Gibran, © 1923, de Kahlil Gibran e renovado em 1951 por Administrators CTA do Patrimônio de Kahlil Gibran e Mary G. Gibran. Reimpresso com autorização de Alfred A. Knopf, Inc.

Excerto de *I Seem To Be a Verb*, Buckminster Fuller, Bantam Books, Nova York, 1970. A citação de R. Buckminster Fuller foi autorizada pelo Patrimônio de R. Buckminster Fuller. © 1970, de R. Buckminster Fuller. Para mais informações a respeito das obras de Buckminster Fuller, entrar em contato com: The Buckminster Fuller Institute, 2040. Alameda Padre Serra, nº 224, Santa Barbara, CA 93103, 805-962-0022, 805-962-4440 fax, BFI@aol.com.

Excertos de *Meditations With Meister Eckhart*, de Matthew Fox. © 1983, Bear & Co., Santa Fe, NM.

Bibliografia

Aburdene, Patricia, e Naisbitt, John. *Megatrends for Women*. Nova York: Villard Books, Random House, 1992.

Anderson, Sherry Ruth, e Hopkins, Patricia. *The Feminine Face of God — The Unfolding of the Sacred in Women*. Nova York: Bantam Books, 1991.

Austen, Hallie Iglehart. *The Heart of the Goddess: Art, Myth and Meditations of the World's Sacred Feminine*. Berkeley, CA: Wingbow Press, 1990.

Begg, Ean. *The Cult of the Black Virgin*. Nova York: Penguin Books, 1985.

Christ, Carol P., e Plaskow, Judith orgs. *Womenspirit Rising: A Feminist Reader in Religion*. San Francisco: HarperSan Francisco, 1979.

Um Curso de Milagres. Mill Valley, CA: Foundation for Inner Peace, 1975.

Eisler, Riane. *The Chalice and the Blade: Our History, Our Future*. Nova York: Harper & Row, 1987.

Estes, Clarissa Pinkola. *Women Who Run With the Wolves: Myths and Stories of the Wild Women Archetype*. Nova York: Ballantine Books, 1992.

Faludi, Susan. *Backlash: The Undeclared War Against American Women*. Nova York: Doubleday, 1991.

Fillmore, Myrtle. *Healing Letters*. Unity Village, MO: Unity Books.

Fischer, Kathleen. *Women at the Well: Feminist Perspectives on Spiritual Direction*. Mahwah, NJ: Paulist Press, 1988.

Fox, Matthew. *Meditations With Meister Eckhart*. Santa Fé, NM: Bear & Company, Inc., 1983.

Gaines, Edwene. "The goddess meditation: a fantasy meditation using the Divine Mother's nurturing energy to assist in the forgiveness process". Mentone, Ala.: Prosperity Products. Fita de áudio.

Gerzon, Mark. *A Choice of Heroes: The Changing Face of American Manhood*. Boston: Houghton Miffin, 1992.

______. *Coming Into Our Own: Understanding the Adult Metamorphosis*. Nova York: Delacorte Press, 1992.

Gibran, Kahlil. *The Prophet*. Nova York: Alfred A. Knopf, 1923.

Goldberg, Herb. *The Hazards of Being Male: Surviving the Myth of Masculine Privilege*. Nova York: Signet Books, 1976.

______. *The New Male: From Self-destruction to Self-care*. Nova York: William Morrow and Co., 1979.

Groth-Marnal, Barbara. A *Pilgrimage to the Black Madonna*. Santa Barbara, CA: Red Rose Publications, 1990.

Gustafson, Fred. *The Black Madonna*. Boston: Sigo Press, 1990.

Hillman, James. *Anima: An Anatomy of a Personified Notion*. Dallas: Spring Publications, 1985. [*Anima — Anatomia de uma Noção Personificada*, publicado pela Editora Cultrix, São Paulo, 1990.]

Hubbard, Barbara Marx. *The Hunger of Eve: One Woman's Odissey Toward the Future*. East Sound, Wash.: Island Pacific NW, 1989.

Johnson, Robert A. *Lying With the Heavenly Woman: Understanding and Integrating the Feminine Archetypes in Men's Lives*. San Francisco: HarperSan Francisco, 1994.

______. *Transformation: Understanding the Three Levels of Masculine Consciousness*. San Francisco: HarperSan Francisco, 1991.

Keen, Sam. *Fire in the Belly: On Being a Man*. Nova York: Bantam Books, 1991. [*O Homem na sua Plenitude*, publicado pela Editora Cultrix, São Paulo, 1993.]

Matthews, Caitlin. *Sophia, Goddess of Wisdom: The Divine Feminine from Black Goddess to World Soul*. Nova York: Aquarian/Thorsous, 1991.

Mollenkott, Virginia Ramey. *The Divine Feminine: The Biblical Imagery of God as Female*. Nova York: Crossroad, 1989.

The New Testament: An Inclusive Version. Oxford: Oxford University Press, 1995.

Nicholson, Shirley, org. *The Goddess Re-awakening: The Feminine Principle Today*. Wheaton, Ill.: The Theosophical Publishing House, 1989.

Olson, Ken. *Hey Man! Open up and Live!* Nova York: Fawcett, 1978.

Pagels, Elaine. *Adam, Eve, and the Serpent*. Nova York: Random House, 1988.

______. *The Gnostic Gospels*. Nova York: Random House, 1989. [*Os Evangelhos Gnósticos*, publicado pela Editora Cultrix, São Paulo, 1990.]

Paxton, Tom. *Aesop's Fables: Retold in Verse by Tom Paxton*. Nova York: Morrow Junior Books, 1988.

Pearson, Carol Lynn. *Mother Wove the Morning — A One-woman Play*. Placerville, CA: Gold Leaf Press, 1992.

______. *Picture Window: Women I Have Known and Been*. Placerville, CA: Gold Leaf Press, 1992.

Plaskow, Judith, e P. Christ, Carol, org. *Weaving the Visions: New Patterns in Feminist Spirituality*, San Francisco: HarperSan Francisco, 1989.

Proctor-Smith, Marjorie, e R. Walton, Janet, orgs. *Women at Worship: Interpretation of North American Diversity*. Westminster/John Knox Press, 1993.

Ray, Michael, e Rinzler, Allan, org. *The New Paradigm in Business: Emerging Strategies for Leadership and Organizational Change*. Nova York: The Putnam Publishing Group, 1993.

Redfield, James. *The Celestine Prophecy*. Nova York: Warner Books, 1994.

______. *The Tenth Insight*. Nova York: Warner, 1996.

Redgrove, Peter. *The Black Goddess and the Unseen Real: Our Unconscious Senses and Their Uncommon Sense*. Nova York: Grove Press, 1987.

Reed, Donna. *Goddess Remembered, Burning Times, Full Circle*. Série "Women and Spirituality" de fitas de vídeo: Direct Cinema Limited, Los Angeles, CA.

Rupp, Joyce. *The Star In My Heart: Experiencing Sophia*. Luramedia, San Diego, CA: Inner Wisdom, 1990.

Schneider-Aker, Katherine Christine. *God's Forgotten Daughter — A Modern Midrash: What If Jesus Had Been a Woman?* San Diego, CA: Luramedia, 1992.

Sjoo, Monica, e Mor, Barbara *The Great Cosmic Mother: Rediscovering the Religion of the Earth*. Nova York: Harper & Row, 1987.

Smith, Paul. *Is It Okay to Call God "Mother"?* Peabody, Mass.: Hendrickson Publishers, Inc., 1993.

Spong, John Shelby. *Born of a Woman: A Bishop Rethinks the Birth of Jesus*. San Francisco: HarperSan Francisco, 1992.

______. *Living in Sin: A Bishop Rethinks Human Sexuality*. San Francisco: HarperSan Francisco, 1988.

______. *Rescuing the Bible from Fundamentalism: A Bishop Rethinks the Meaning of Scripture*. San Francisco: HarperSan Francisco, 1991.

Starbird, Margaret. *The Woman With The Alabaster Jar: Mary Magdalene and the Holy Grail*. Santa Fé, NM: Bear & Co., 1993.

Stein, Diane. *The Woman's Spirituality Book*. St. Paul, Minn.: Llewellyn Publications, 1988.

Steinem, Gloria. *Moving Beyond Words — Age, Rage, Sex, Power, Money, Muscles: Breaking Boundaries of Gender*. Nova York: Simon & Schuster, 1994.

Stone, Merline. *When God Was a Woman*. San Diego, CA: Harcourt Brace & Co., 1976.

Uhleim, Gabriele. *Meditations With Hildegard of Bingen*. Santa Fé, NM: Bear & Co., 1983.

Witherspoon, Thomas E. *Myrtle Fillmore: Mother of Unity*. Unity Village, MO: Unity Books, 1977.

Zavada, Kathy. *Mother's Song*. Mount Shasta, CA: Precious Music. Em fita cassete e em CD.

ANIMA – Anatomia de uma Noção Personificada

James Hillman

Em latim, "anima" quer dizer alma ou psique. É o termo que Jung utilizou ao deparar-se com a interioridade feminina do homem.

Anima é aquilo pelo que os homens se apaixonam; ela os possui enquanto humores e desejos, motivando suas ambições, confundindo seus raciocínios. Na extensão que Hillman faz da psicologia de Jung, a anima também pertence à interioridade das mulheres, e não somente àquilo que toca seus relacionamentos com os homens. Anima refere-se, numa só palavra, à interioridade.

Em dez capítulos, que são acompanhados, nas páginas pares, de todas as relevantes citações da obra de Jung, o ensaio de Hillman, que aparece nas páginas ímpares, aprofunda-se na clarificação dos humores, das personalidades, das definições e das imagens de anima:

ANIMA E CONTRASSEXUALIDADE
ANIMA E EROS
ANIMA E SENTIMENTO
ANIMA E O FEMININO
ANIMA E PSIQUE
ANIMA E DESPERSONALIZAÇÃO
INTEGRAÇÃO DA ANIMA
MEDIADORA DO DESCONHECIDO
ANIMA COMO UNIPERSONALIDADE
ANIMA NA SIZÍGIA

De interesse inquestionável para todos aqueles que, profissionalmente ou não, procuram aproximar-se do conhecimento e das aplicações da psicologia junguiana, este livro posiciona-se mais próximo da literatura imaginativa do que da ciência. Seu estilo, suas cores, sua profundidade e coragem encaminham-nos de forma surpreendente pelos subterrâneos dos sentimentos, problemas e fantasias que a noção da anima nos proporciona.

Gustavo Barcellos
Lúcia Rosenberg

EDITORA CULTRIX

O HOMEM NA SUA PLENITUDE

Sam Keen

O que a nossa cultura diz que os "homens de verdade" têm de fazer? Que se filiem a uma agremiação, que se destaquem no futebol, no vôlei ou no basquete. Que transem com uma porção de garotas. Sejam durões. Não revelem seus sentimentos. Dominem, tenham sucesso, vençam...

O problema com essas velhas definições é que elas não funcionam mais — e talvez nunca tenham funcionado. Os homens (e as mulheres) de hoje estão em busca de uma nova visão da masculinidade. Este demolidor livro de Sam Keen, filósofo e escritor de vanguarda, que se dedica às questões da consciência e da espiritualidade humana, apresenta uma visão alternativa das virtudes e da virilidade para a época contemporânea. Trata-se de um guia estimulante para os homens que estão à procura de novos ideais de força, potência e bravura para uma vida mais plena e apaixonada.

Em nenhum outro período da história houve tantos homens intranqüilos e questionadores em busca de novos papéis, de novos modos de ser e de cura para o macho ferido dentro deles. *O Homem na sua Plenitude* ajuda a fornecer respostas significativas. O livro abre com uma discussão franca a respeito da dependência masculina inconsciente à "Mulher", não a uma determinada mulher, mas ao domínio primitivo que as mulheres exercem sobre os homens. Somente quando eles passam a conhecer os mistérios exclusivamente masculinos é que se tornam capazes de construir relacionamentos carinhosos, satisfatórios uns com os outros, com suas companheiras e com suas famílias.

O Homem na sua Plenitude enfrenta com coragem ritos de passagem ultrapassados que empobrecem, prejudicam e alienam os homens. Ele oferece uma "nova jornada do herói", novas rotas para a consecução das qualidades heróicas e de uma masculinidade desenvolvida, auto-realizadora e espiritualmente fundamentada. Examina o passado, reavalia os homens e o sexo, os homens e a guerra, os homens e o trabalho, proporcionando novos modelos para ajudá-los a ir da fragmentação à totalidade em cada aspecto de suas vidas.

EDITORA CULTRIX

Os Evangelhos Gnósticos

ELAINE PAGELS

Em dezembro de 1945, nas imediações de Nag Hammadi, no Alto Egito, um camponês árabe fez uma das mais sensacionais descobertas arqueológicas dos últimos tempos: numa caverna, protegidos dentro de um grande pote de barro, cinqüenta e dois textos dos primitivos séculos da era cristã aguardavam, há cerca de 1.500 anos, que alguém os descobrisse e os divulgasse, fornecendo pelo menos um vislumbre sobre a disputa crítica em que se envolveram os principais mentores do Cristianismo primitivo.

Em meados do século II, os autores e defensores desses escritos, embora se considerassem cristãos, foram declarados hereges pelos cristãos ortodoxos e, como tais, condenados e perseguidos impiedosamente. Hoje eles são conhecidos como os *gnósticos* (os conhecedores) — da palavra grega *gnósis* (conhecimento), não porém no sentido comum de conhecimento racional. Da maneira como eles usavam o termo, poderíamos traduzi-lo por "percepção interior", um conhecimento profundo de si mesmo, que implica simultaneamente o conhecimento de Deus.

Estudando os textos de Nag Hammadi, junto com as fontes da tradição ortodoxa conhecidas há mais de mil anos, podemos ver como política e religião coincidem no desenvolvimento do Cristianismo e começamos a perceber por que as discussões religiosas acerca da natureza de Deus ou de Cristo têm implicações sociais e políticas que foram cruciais para o desenvolvimento do Cristianismo como religião institucionalizada. A análise desses textos reabre, além do mais, questões fundamentais que mostram como o Cristianismo poderia ter-se desenvolvido em direções bem diferentes, havendo até a possibilidade de que o Cristianismo como nós o conhecemos não tivesse sequer sobrevivido.

Em *Os Evangelhos Gnósticos*, sem descuidar o aspecto documental da obra, Elaine Pagels — catedrática do Departamento de Religião do Barnard College da Universidade de Columbia —, num estilo quase novelístico a que não faltam toques policialescos, narra a história dessa descoberta, analisa as razões do ocultamento desses documentos e enfatiza a importância dessa descoberta para o estudo e o conhecimento dos primórdios do Cristianismo.

Com este trabalho, a autora recebeu o prêmio maior do National Book Critics Circle de Nova York.

EDITORA CULTRIX

O HERÓI INTERIOR

Seis Arquétipos que Orientam a Nossa Vida

CAROL S. PEARSON

Este livro trata das histórias que nos ajudam a encontrar o sentido de nossas vidas. Nossa experiência é definida literalmente pelas concepções que temos da vida. Criamos histórias sobre o mundo e, de um ponto de vista mais amplo, vivemos segundo as suas tramas. Nossa vida depende, em grande medida, do *script* que adotamos, conscientemente ou, o que é mais provável, inconscientemente.

Todos os mitos do herói, culturais ou individuais, indicam-nos os atributos que são considerados definidores do bem, do belo e da verdade, e assim nos ensinam aspirações valorizadas culturalmente. Muitas dessas histórias são arquetípicas. Os arquétipos, como postulava Carl Jung, são padrões permanentes e profundos da psique humana que se mantêm poderosos e atuantes ao longo do tempo.

O Herói Interior combina literatura, antropologia e psicologia para definir com clareza e compreensão profunda os seis arquétipos que existem dentro de nós (o Inocente, o Órfão, o Mártir, o Nômade, o Guerreiro e o Mago). Este livro contém também exercícios destinados a despertar e iluminar esses arquétipos de modo a nos tornarmos mais íntegros e conscientes da nossa jornada interior.

EDITORA CULTRIX

O NOVO PARADIGMA NOS NEGÓCIOS

Estratégias Emergentes para Liderança e Mudança Organizacional

Michael Ray e Alan Rinzler (Orgs.)

Por todo o mundo, homens e mulheres de negócios estão reformulando dramaticamente o modo como pensam sobre a natureza do seu trabalho, sobre a liderança e o sucesso. Estão empenhados em descobrir e aplicar novas práticas e estratégias que transformem os velhos valores e sistemas vigentes.

No novo paradigma, as pessoas e sua criatividade estão no centro do mundo de trabalho. A intuição cada vez mais vem sendo valorizada no planejamento corporativo; hierarquias organizacionais estão sendo viradas de cabeça para baixo; e os valores corporativos e individuais estão entrando em sintonia. Os líderes estão examinando o campo de trabalho multicultural em busca de novas oportunidades, e as empresas estão assumindo uma maior responsabilidade social e ambiental pelas suas ações.

Nesta compilação visionária, autoridades de vários campos repensam os temas-chave dos negócios e oferecem vários modos novos e surpreendentes de analisá-los. Eis alguns exemplos:

- competição *versus* cooperação;
- responsabilidade ética das corporações;
- desafios especiais para mulheres que trabalham;
- a natureza da propriedade da empresa na administração;
- o papel dos negócios como veículo de transformação social.

Este livro está repleto de perfis de empresas exemplares e de seus líderes, cujas visões e estratégias oferecem modos úteis e viáveis de lidar com a crescente complexidade e potencial dos negócios nesta época de grandes desafios.

EDITORA CULTRIX